全国干部学习培训教材
QUANGUO GANBU XUEXI PEIXUN JIAOCAI

决胜全面建成小康社会

全国干部培训教材编审指导委员会组织编写

人 民 出 版 社
党建读物出版社

序　言

　　善于学习，就是善于进步。党的历史经验和现实发展都告诉我们，没有全党大学习，没有干部大培训，就没有事业大发展。面对当今世界百年未有之大变局，面对进行伟大斗争、伟大工程、伟大事业、伟大梦想的波澜壮阔实践，我们党要团结带领全国各族人民抓住和用好我国发展重要战略机遇期，坚持和发展中国特色社会主义，统筹推进"五位一体"总体布局、协调推进"四个全面"战略布局，推进国家治理体系和治理能力现代化，促进人的全面发展和社会全面进步，防范和应对各种风险挑战，实现"两个一百年"奋斗目标、实现中华民族伟大复兴的中国梦，就必须更加崇尚学习、积极改造学习、持续深化学习，不断增强党的政治领导力、思想引领力、群众组织力、社会号召力，不断增强干部队伍适应新时代党和国家事业发展要求的能力。

我们党依靠学习创造了历史，更要依靠学习走向未来。要加快推进马克思主义学习型政党、学习大国建设，坚持把学习贯彻新时代中国特色社会主义思想作为重中之重，坚持理论同实际相结合，悟原理、求真理、明事理，不断增强"四个意识"、坚持"四个自信"、做到"两个维护"，教育引导广大党员、干部按照忠诚干净担当的要求提高自己，努力培养斗争精神、增强斗争本领，使思想、能力、行动跟上党中央要求、跟上时代前进步伐、跟上事业发展需要。

抓好全党大学习、干部大培训，要有好教材。这批教材阐释了新时代中国特色社会主义思想的重大意义、科学体系、精神实质、实践要求，各级各类干部教育培训要注重用好这批教材。

2019 年 2 月 27 日

目 录

第一章
决胜全面建成小康社会的历史方位

　　中国特色社会主义进入新时代，标明了决胜全面建成小康社会的历史方位。决胜全面建成小康社会，是中国共产党提出的"两个一百年"奋斗目标的第一个百年奋斗目标，是中国特色社会主义进入新时代的重大历史任务，是中华民族伟大复兴进程中的重要里程碑。从现在到2020年，是全面建成小康社会的决胜期，它的如期顺利完成，必将进一步激发和汇聚实现中华民族伟大复兴的磅礴力量，必将为开启全面建设社会主义现代化国家新征程打开坚实的前进通道，必将为到新中国成立一百年时把我国建设成为社会主义现代化强国提供强有力的保障。

第一节　中国特色社会主义进入新时代

　　习近平总书记在党的十九大郑重宣布：经过长期努力，中国特色社会主义进入了新时代，这是我国发展新的历史方位。中国特色社会主义进入新时代，是承前启后、继往开来、在新的历史条件下继续夺取中国特色社会主义伟大胜利的时代，是决胜全面建成小康社会、进而全面建设社会主义现代化强国的时代，是全国各族人民团结奋斗、不断创造美好生活、逐步实现全体人民共同富裕的时代，是全体中华儿女戮力同心、奋力实现中华民族伟大复兴中国梦的时代，是我国日益走近世界舞台中央、不断为人类作出更大贡献的时代。中国特色社会主义进入新时代，意味着近代以来久经磨难的中华民族迎来了从站起来、富起来到强起来的伟大飞跃，迎来了实现中华民族伟大复兴的光明前景。

《在第十三届全国人民代表大会第一次会议上的讲话》

一、新时代诞生新思想

伟大时代呼唤伟大理论，伟大时代孕育伟大理论。党的十八大以来，国内外形势变化和我国各项事业发展都给我们提出了一个重大时代课题，这就是必须从理论和实践结合上系统回答新时代坚持和发展什么样的中国特色社会主义、怎样坚持和发展中国特色社会主义，包括新时代坚持和发展中国特色社会主义的总目标、总任务、总体布局、战略布局和发展方向、发展方式、发展动力、战略步骤、外部条件、政治保证等基本问题，并且要根据新的实践对经济、政治、法治、科技、文化、教育、民生、民族、宗教、社会、生态文明、国家安全、国防和军队、"一国两制"和祖国统一、统一战线、外交、党的建设等各方面作出理论分析和政策指导，以利于更好坚持和发展中国特色社会主义。

围绕这个重大时代课题，我们党坚持解放思想、实事求是、与时俱进、求真务实，坚持辩证唯物主义和历史唯物主义，紧密结合新的时代条件和实践要求，以全新的视野深化对共产党执政规律、社会主义建设规律、人类社会发展规律的认识，进行艰辛理论探索，取得重大理论创新成果，形成了习近平新时代中国特色社会主义思想。党的十九大概括和提出了习近平新时代中国特色社会主义思想，确立为党的指导思想并写入党章，实现了党的指导思想的与时俱进。这是党的十九大最重大的理论创新、最重要的理论成果、最深远的历史贡献。十三届全国人大一次会议通过宪法修正案，郑重地把习近平新时代中国特色社会主义思想载入宪法，实现了国家指导思想的与时俱进。

习近平新时代中国特色社会主义思想，是在我国改革开放取得了一系列历史性的成就，实现了一系列历史性的变革的基础上诞生的，是中国改革开放探索实践的丰硕成果，是立足时代之基、回答时代之问的科学理论，是中国特色社会主义建设的理论结晶。习近平新时代中国特色社会主义思想，明确坚持和发展中国特色社会主义，总任务是实现社会主义现代化和中华民族伟大复兴，在全面建成小康社会的基础上，分两步走在本世纪中叶建成富强民主文明和谐美丽的社会主义现代化强国；明确新时代我国社会主要矛盾是人民日益增长的美好生活需要和不平衡不充分的发展之间的矛盾，必须坚持以人民为中心的发展思想，不断促进人的全面发展、全体人民共同富裕；明确中国特色社会主义事业总体布局是"五位一体"、战略布局是"四个全面"，强调坚定道路自信、理论自信、制度自信、文化自信；明确全面深化改革总目标是完善和发展中国特色社会主义制度、推进国家治理体系和治理能力现代化；明确全面推进依法治国总目标是建设中国特色社会主义法治体系、建设社会主义法治国家；明确党在新时代的强军目标是建设一支听党指挥、能打胜仗、作风优良的人民军队，把人民军队建设成为世界一流军队；明确中国特色大国外交要推动构建新型国际关系，推动构建人类命运共同体；明确中国特色社会主义最本质的特征是中国共产党领导，中国特色社会主义制度的最大优势是中国共产党领导，党是最高政治领导力量，提出新时代党的建设总要求，突出政治建设在党的建设中的重要地位。

习近平新时代中国特色社会主义思想，是对马克思列宁主义、毛泽东思想、邓小平理论、"三个代表"重要思想、科学发展观的继承和发展，是马克思主义中国化最新成果，是党和人民实践经验和集体智慧的结晶。这一思想也是全面建成小康社会的思想引领和理论指导，为决胜全面小康社会指明了前进方向。

二、新时代标明新方位

今天的中国已经站在新的历史起点上。中国特色社会主义进入新时代，意味着这个新起点，就是中国全面深化改革、增添经济社会发展新动力的新起点，就是中国适应经济发展新常态、转变经济发展方式的新起点，就是中国同世界深度互动、向世界深度开放的新起点。

顺应时代潮流，把握时代特点，回答时代课题，是中国共产党永葆旺盛生命力和坚强战斗力、不断从胜利走向胜利的一个重要原因。习近平总书记指出，我们所处的时代是催人奋进的伟大时代，我们进行的事业是前无古人的伟大事业。中国特色社会主义进入新时代，对于站在历史新起点新方位的中国来讲，具有特殊重要意义。

其一，有利于实现中华民族伟大复兴。当前，我们正在向全面建成小康社会的目标迈进。在如期全面建成小康社会的基础上，明确新方位，不忘初心，继续前进，有助于跨过"中等收入陷阱"，跃升高收入国家行列，实现国家富强、民族振兴、人民幸福的中国梦。

其二，有利于高扬中国特色社会主义伟大旗帜。中国特色社会主义伟大旗帜，是当代中国发展进步的旗帜，是全党全国各族人民团结奋斗的旗帜。明确新方位，不忘初心，继续前进，能够更好高举旗帜，凝聚人心，再创辉煌。

其三，有利于推进中国特色社会主义伟大事业。40 年的改革开放，为中国特色社会主义赢得了巨大声誉，拓展了社会主义事业。当代中国发展的现实逻辑集中体现为"整体转型升级"，明确新方位，不忘初心，继续前进，实现出色的转型升级，能够丰富社会主义的宏伟篇章，并使之更有吸引力。

其四，有利于进行新的历史阶段的伟大斗争。我们在发展过程中积累了很多矛盾和困难，面临着诸多风险和挑战，明确新方位，不忘初心，继续前进，有利于走出困局、僵局、危局，破解经济结构性失衡和各方面存在的一系列严重问题。

其五，有利于实施全面从严治党的伟大工程。党是治国理政的领导主体，全面从严治党就是要使党的领导水平更高、更强。明确新方位，不忘初心，继续前进，最考验也最能提高党的专业化程度、领导干部定力和党组织的驾驭能力。

其六，有利于推动中国发展道路的伟大实践。中国经过长期的历史发展，形成了体现中国国情的、有别于其他国家的基本制度、发展道路和理论体系，为发展中国家摆脱贫困落后提供了中国智慧和中国方案。明确新方位，不忘初心，继续前进，能够不断完善和丰富中国特色发展道路。

其七，有利于推进全面深化改革的伟大革命。适应经济发展新常态，转变经济发展方式，增加经济社会发展新动力，更需全面深化改革。明确新方位，不忘初心，继续前进，能够把具有"革命"性质的、决定当代中国命运关键抉择的改革进行下去。

其八，有利于开创互利合作共赢的伟大时代。中国正在努力推进"一带一路"建设，更积极更努力地参与全球治理，同世界深度互动合作，推动构建人类命运共同体。明确新方位，不忘初心，继续前进，能够体现出中国作为负责任大国所承担的国际义务和国际责任，有利于构建全方位开放新格局，为全人类作出更大的贡献。

三、新时代赋予新使命

习近平总书记在党的十九大强调，中国特色社会主义进入新时代，我国社会主要矛盾已经转化为人民日益增长的美好生活需要和不平衡不充分的发展之间的矛盾。这是个重大的政治论断，为我国发展指明了前进方向。我国稳定解决了十几亿人的温饱问题，总体上实现小康，到2020年将全面建成小康社会，人民美好生活需要日益广泛，不仅对物质文化生活提出了更高要求，而且在民主、法治、公平、正义、安全、环境等方面的要求日益增长。同时，我国社会生产力水平总体上显著提高，社会生产能力在很多方面进入世界前列，更加突出的问题是发展不平衡不充分，这已经成为满足人民日益增长的美好生活需要的主要制约因素。

我国社会主要矛盾的变化是关系全局的历史性变化，对党和国家工作提出了许多新要求。回顾我们走过的历史，在认识社会主要矛盾问题上，我们曾经犯过错误，走过弯路，给党和国家、人民带来很大伤害。1978年党的十一届三中全会作出了重大决策，把全党的工作重点转移到社会主义现代化建设上来，开启了改革开放的伟大进程。在新时代，我们要认真总结历史经验教训，牢牢把握社会主要矛盾变化的科学判断，努力把我们党和国家的事情做好。决胜全面建成小康社会，就是要牢牢把握我国社会主要矛盾的变化，在继续推动发展的基础上，着力解决好发展不平衡不充分问题，大力提升发展质量和效益，更好满足人民在经济、政治、文化、社会、生态等方面日益增长的需要，更好推动人的全面发展、社会全面进步。

我国社会主要矛盾的变化，没有改变我们对我国社会主义所处历史阶段的判断，我国仍处于并将长期处于社会主义初级阶段的基本国情没有变，我国是世界最大发展中国家的国际地位没有变。我们要牢牢把握社会主义初级阶段这个基本国情，牢牢立足社会主义初级阶段这个最大实际，牢牢坚持党的基本路线这个党和国家的生命线、人民的幸福线，领导和团结全国各族人民，以经济建设为中心，坚持四项基本原则，坚持改革开放，自力更生，艰苦创业，决胜全面建成小康社会，为把我国建设成为富强民主文明和谐美丽的社会主义现代化强国而奋斗。

第二节 全面建成小康社会的提出及内涵

"小康"是我国人民几千年孜孜以求的美好生活向往。新中国成立前，备受压迫、奴役、欺凌的劳苦大众祈求的只能是解决生计的温饱生活。新中国成立后，勤劳勇敢、自强不息的中国人民获得了实现小康生活的现实基础。20世纪80年代初，小康社会成为中国共产党带领中国人民跨世纪的奋斗目标。在党的十六大、十七大确立的全面建设小康社会目标的基础上，党的十八大提出"确保到2020年全面建成小康社会"。党的十九大明确提出"决胜全面建成小康社会，开启全面建设社会主义现代化国家新征程"。全面建成小康社会，是我们党向人民、向历史作出的庄严承诺，是实现中华民族伟大复兴中国梦的重要里程碑。

一、从千年梦想到现实目标

小康，蕴含着中华民族对安定幸福生活的恒久守望。小康社会，是中华民族自古以来追求的理想社会状态。"小康"一词，最早出现在《诗经·大雅·民劳》："民亦劳止，汔可小康。惠此中国，以绥四方。"这里的"小康"是"休息""安乐"之意，与作为社会理想的"小康"在意义上是不同的。把"小康"作为理想社会模式载于西汉时期成书的《礼记·礼运》，其中描绘了大同社会与小康社会的图景。大同社会是一个财产公有、社会文明、社会保障健全、社会安定有序的最高理想社会；小康社会描述的是一个随社会规模的扩大，由氏族社会向生产分工的文明社会转化，在土地私有制基础上建立起来的"天下为家"、靠"礼"维持的理想社会。

到了近代，"小康"成为通往"大同"的中间环节。如晚清戊戌变法思想领袖康有为著《大同书》，综合进化论学说，采取了"托古改制"的方式，主张通过变法维新，实现从"据乱世"

进入"升平世"（小康）乃至"太平世"（大同）。世易时移，"小康""小康之家""小康生活"等词语越来越成为"薄有家财、安居度日"的代名词。小康一直是我国老百姓生生不息的社会理想。然而，在漫长的阶级压迫和阶级剥削社会，这只是一种奢望和梦想。

中国共产党从成立起，就肩负起民族独立、人民解放和国家富强、人民幸福的历史使命。新中国成立和社会主义制度建立，为小康社会的实现奠定了根本政治前提和制度基础。在以毛泽东同志为主要代表的中国共产党人带领下，站起来的中国人民开展了社会主义建设的艰辛探索，逐步改变了"一穷二白"的贫穷落后状况，生活水平有了一定的提高。

改革开放以后，邓小平强调"贫穷不是社会主义"，"社会主义必须摆脱贫穷"，"社会主义的本质，是解放生产力，发展生产力，消灭剥削，消除两极分化，最终达到共同富裕"。邓小平在 1979 年 12 月 6 日会见日本首相大平正芳时提出"小康之家"，以此来诠释中国式现代化并指出中国 20 世纪的目标是实现小康。党的十二大正式确定了这一奋斗目标，即从 1981 年到 2000 年工农业年总产值翻两番，人民物质文化生活达到小康水平。

二、从总体小康到全面小康

随着对小康社会认识的深化，我们党对其不断赋予新的内涵。邓小平提出的"小康"是"不穷不富，日子比较好过"，也就是略为宽裕、衣食无忧的生活状态。党的十二大之后，邓小平在调研的基础上进一步提出包括"温饱—小康—中等发达国家水平"在内的中国分"三步走"基本实现现代化的战略部署。党的十三大将实现小康正式列为"三步走"战略的第二步目标。

1990 年，党的十三届七中全会结合我国已基本解决了人民温饱问题的实际，对"小康目标"作了更加详尽的描绘："人民生活从温饱达到小康，生活资料更加丰裕，居住条件明显改善，文化生活进一步丰富，健康水平继续提高，社会服务设施不断完善"。与此同时，对"小康水平"作出更为准确的界定："所谓小康水平，是指在温饱的基础上，生活质量进一步提高，达到丰衣足食。这个要求既包括物质生活的改善，也包括精神生活的充实；既包括居民个人消费水平的提高，也包括社会福利和劳动环境的改善。"

2000 年我国国内生产总值（GDP）达到 89404 亿元，按不变价格计算比 1980 年增长了 5.55 倍，人均 GDP 超过 850 美元，比 1980 年增长了 4.09 倍，超额完成了人均国民生产总值比 1980 年翻两番的任务。农村居民人均纯收入和城镇居民人均可支配收入分别由 1980 年的 191.3 元、477.6 元增加至 2000 年的 2253 元、6280 元，城乡人民生活水平有了很大的提高。经过全党和全国人民的共同努力，我国实现了现代化建设的前两步战略目标，经济和社会全面发展，人民生活在总体上达到了小康水平。

虽然我国总体上实现了小康水平，但仍有一部分人刚刚解决温饱问题，或生活在温饱水平之下。2002 年，党的十六大指出，我国总体上达到的小康社会，"还是低水平的、不全面的、发展很不平衡的小康"。我国要在本世纪头二十年，集中力量，全面建设惠及十几亿人口的更高水平的小康社会，使经济更加发展、民主更加健全、科教更加进步、文化更加繁荣、社会更加和谐、人民生活更加殷实。从此，"全面建设小康社会"成为我国到 2020 年要实现的宏伟蓝图。2007 年，党的十七大对全面建设小康社会的愿景做了进一步描绘。

2012 年，党的十八大根据经济社会发展的实际进程，从中国特色社会主义总体布局出发，提出到 2020 年全面建成小康社会的新要求。"全面建设小康社会"调整为"全面建成小康社会"，一字之改，顺应了人民的新要求，标志着全面小康社会建设进入最后的冲刺阶段，展现了我们党能够如期全面建成小康社会的必胜信念。2015 年 10 月，习近平总书记在党的十八届五中全会上强调，"今后 5 年党和国家各项任务，归结起来就是夺取全面建成小康社会决胜阶段的伟大胜利，实现第一个百年奋斗目标"。2017 年，党的十九大号召全党"决胜全面建成小康社会，夺取新时代中国特色社会主义伟大胜利"，习近平总书记指出："从现在到 2020 年，是全面建成小康社会决胜期。"

三、全面小康是全面发展的小康

全面建成小康社会，更重要、更难做到的是"全面"。"小康"讲的是发展水平，"全面"讲的是发展的平衡性、协调性、可持续性。习近平总书记反复强调，如果到 2020 年我们在总量和速度上完成了目标，但发展不平衡、不协调、不可持续问题更加严重，短板更加突出，就算不上真正实现了目标。

全面小康，覆盖的领域要全面，是"五位一体"全面进步的小康。"千钧将一羽，轻重在平衡。"全面小康社会要求经济持续健康发展，人民民主不断扩大，文化软实力显著增强，人民生活水平全面提高，生态文明建设取得重大进展。这是一个整体性目标要求，它们之间相互联系、相互促进、不可分割。任何一个方面发展滞后，都会影响全面建成小康社会目标的实现。要坚持以经济建设为中心，全面推进经济建设、政治建设、文化建设、社会建设、生态文明建设，促进社会主义现代化建设各个环节、各个方面协调发展。

全面小康，覆盖的人口要全面，是惠及全体人民的小康。坚持发展为了人民、发展依靠人民、发展成果由人民共享，全面小康才能真正造福全体人民。没有全民小康，就没有全面小康。全面建成小康社会，一个都不能少；共同富裕的路上，一个都不能掉队。不能一边宣布全面建成了小康社会，另一边还有几千万人口的生活水平处在扶贫标准线以下，这既影响人民群众对全面建成小康社会的满意度，也影响国际社会对我国全面建成小康社会的认可度。当前，影响实现全面建成小康社会目标的突出因素主要集中在民生领域，发展不全面的问题很大程度上也表现在不同社会群体的民生保障方面。要持续加大保障和改善民生力度，注重机会公平，保障基本民生，不断提高人民生活水平，实现全体人民共同迈入全面小康社会。

全面小康，覆盖的区域要全面，是城乡区域共同发展的小康。小康不小康，关键看老乡。没有农村的全面小康和欠发达地区的全面小康，就没有全国的全面小康。要加大统筹城乡发展、统筹区域发展的力度，推进城乡发展一体化，把努力缩小城乡区域发展差距作为全面建成小康社会的一项重要任务。缩小城乡区域发展差距，不仅是缩小国内生产总值总量和增长速度的差距，而且是缩小居民收入水平、基础设施通达水平、基本公共服务均等化水平、人民生活水平等方面的差距。

全面建成小康社会，要实事求是、因地制宜。我国幅员辽阔，各地发展差距较大，生产力发展水平层次多，不可能是"同一水平小康"，完全没有差距是不可能的。全面建成小康社会是针对全国讲的，不是每个地区、每个民族、每个人都达到同一个水平，那既不科学，也不现实。全面建成小康社会，既要坚持一定标准，又要防止好高骛远；既要考虑到 2020 年这个时间节点，又要立足于打基础、谋长远、见成效。

第三节　决胜全面建成小康社会的重点任务

决胜阶段最为关键，冲锋时刻愈显奋勇。现在我们到了一鼓作气向终点线冲刺的历史时刻。完成这一战略任务，是我们的历史责任，也是我们的最大光荣。决胜全面建成小康社会，要始终围绕全面小康的目标要求，紧扣社会主要矛盾变化，统筹推进经济建设、政治建设、文化建设、社会建设、生态文明建设，重点是要坚决打好防范化解重大风险、精准脱贫、污染防治三大攻坚战，确保决胜全面建成小康社会完美收官。

一、决胜全面建成小康社会的目标要求

党的十八大以来，以习近平同志为核心的党中央提出了全面建成小康社会新的目标要求，规划和设计了未来美好生活的宏伟蓝图。

经济实现高质量发展。在提高发展平衡性、包容性、可持续性基础上，主要经济指标平衡协调，发展质量和效益明显提高。产业迈向中高端水平，农业现代化进展明显，工业化和信息化融合发展水平进一步提高，先进制造业和战略性新兴产业加快发展，新产业

新业态不断成长，服务业比重进一步提高。

创新驱动成效显著。创新驱动发展战略深入实施，创业创新蓬勃发展，全要素生产率明显提高。科技与经济深度融合，创新要素配置更加高效，重点领域和关键环节核心技术取得重大突破，自主创新能力全面增强，迈进创新型国家和人才强国行列。

发展协调性明显增强。消费对经济增长贡献继续加大，投资效率和企业效率明显上升。城镇化质量明显改善，户籍人口城镇化率加快提高。区域协调发展新格局基本形成，发展空间布局得到优化。对外开放深度广度不断拓展，全球配置资源能力进一步增强，进出口结构不断优化，国际收支基本平衡。

人民生活水平和质量普遍提高。就业、教育、文化体育、社保、医疗、住房等公共服务体系更加健全，基本公共服务均等化水平稳步提高。教育现代化取得重要进展，劳动年龄人口受教育年限明显增加。就业比较充分，收入差距缩小，中等收入人口比重上升。我国现行标准下农村贫困人口实现脱贫，贫困县全部摘帽，解决区域性整体贫困。

国民素质和社会文明程度显著提高。中国梦和社会主义核心价值观更加深入人心，爱国主义、集体主义、社会主义思想广泛弘扬，向上向善、诚信互助的社会风尚更加浓厚，国民思想道德素质、科学文化素质、健康素质明显提高，全社会法治意识不断增强。公共文化服务体系基本建成，文化产业成为国民经济支柱性产业。中华文化影响持续扩大。

生态环境质量总体改善。生产方式和生活方式绿色、低碳水平提升。能源资源开发利用效率大幅提高，能源和水资源消耗、建设用地、碳排放总量得到有效控制，主要污染物排放总量大幅减少。

统筹推进"五位一体"总体布局 (新华社记者 李贺／摄)

主体功能区布局和生态安全屏障基本形成。

各方面制度更加成熟更加定型。国家治理体系和治理能力现代化取得重大进展，各领域基础性制度体系基本形成。人民民主更加健全，法治政府基本建成，司法公信力明显提高。人权得到切实保障，产权得到有效保护。开放型经济新体制基本形成。中国特色现代军事力量体系更加完善。党的建设制度化水平显著提高。

二、统筹推进"五位一体"总体布局

随着中国经济发展步入多元复合转型的重要战略机遇期，提质增效、转型升级的要求更加紧迫，经济社会面临诸多矛盾叠加、风险隐患加剧，面临"中等收入陷阱"的风险和挑战；同时，国际金融危机冲击和深层次影响在相当长时期依然存在，世界经济在深度调整中曲折复苏、增长乏力，中美贸易摩擦给我们提出了很多新问题需要破解，外部环境不稳定不确定因素明显增多，我国发展面临的风险挑战加大。着力解决这些问题，必须按照"五位一体"总体布局的要求，统筹推进经济建设、政治建设、文化建设、社会建设、生态文明建设。

一是贯彻新发展理念，建设现代化经济体系。必须坚定不移把发展作为党执政兴国的第一要务，坚持解放和发展社会生产力，坚持社会主义市场经济改革方向，推动经济持续健康高质量发展。

二是健全人民当家作主制度体系，发展社会主义民主政治。我国社会主义民主是维护人民根本利益的最广泛、最真实、最管用的民主。发展社会主义民主政治就是要体现人民意志、保障人民权益、激发人民创造活力，用制度体系保证人民当家作主。

三是坚定文化自信，推动社会主义文化繁荣兴盛。文化是一个国家、一个民族的灵魂。文化兴国运兴，文化强民族强。没有高度的文化自信，没有文化的繁荣兴盛，就没有中华民族伟大复兴。要坚持中国特色社会主义文化发展道路，激发全民族文化创新创造活力，建设社会主义文化强国。

四是提高保障和改善民生水平，加强和创新社会治理。为什么人的问题，是检验一个政党、一个政权性质的试金石。带领人民创造美好生活，是我们党始终不渝的奋斗目标。必须始终把人民利益摆在至高无上的地位，让改革发展成果更多更公平惠及全体人民，朝着实现全体人民共同富裕不断迈进。

五是加快生态文明体制改革，建设美丽中国。人与自然是生命共同体，人类必须尊重自然、顺应自然、保护自然。人类只有遵循自然规律才能有效防止在开发利用自然上走弯路，人类对大自然的伤害最终会伤及人类自身，这是无法抗拒的规律。

三、坚决打好三大攻坚战

到 2020 年要重点抓好防范化解重大风险、精准脱贫、污染防治三大攻坚战。

坚决打好防范化解重大风险攻坚战。"安而不忘危，存而不忘亡，治而不忘乱。"当前和今后一个时期，可能是我国发展面临的各方面风险不断积累，甚至集中显露的时期。我们面临的重大风险是多方面的，既包括国内的经济、政治、意识形态、社会风险以及来自自然界的风险，也包括国际经济、政治、战略、主权、军事等方面的风险。各种风险往往不是孤立出现的，很可能是相互交织并形成一个风险综合体。如果发生重大风险又扛不住，国家安全就可能面临重大风险，全面建成小康社会进程就可能被迫中断。防范化解重大风险是决胜全面建成小康社会三大攻坚战的首要战役，要切实增强忧患意识和底线思维，坚决打好这场攻坚战。要加强风险隐患排查，摸清风险底数，坚持标本兼治，注重以完善体制机制来防范化解风险。要加强对各种风险源的调查研判，提高动态监测、实时预警、应急处置能力，有效防范"黑天鹅"事件、"灰犀牛"事件冲击，防止小风险演化为社会政治风险，防止个别风险演化为系统性风险，为全面建成小康社会创造良好环境。

坚决打好精准脱贫攻坚战。到 2017 年底，全国贫困人口还有约 3000 万，其中相当一部分居住在艰苦边远地区，处于深度贫困状态，属于脱贫攻坚的硬骨头。要咬定总攻目标，严格坚持现行扶贫标准，不能擅自拔高标准，也不能降低标准。要整合创新扶持政策，引导资源要素向深度贫困地区聚焦，精准施策，有效帮扶特殊贫困群体。产业扶贫要在扶持贫困地区农产品产销对接上拿出管用措施。易地搬迁扶贫要着力加强产业配套和就业安置。就业扶贫要解决劳务组织化程度低的问题。教育扶贫要突出提升义务教育质量。健康扶贫要降低贫困人口就医负担。要形成勤劳致富、脱贫光荣的良好导向。要完善督战机制，压实责任，改进考核监督，整顿脱贫攻坚作风，加强一线力量，做好风险防范。

坚决打好污染防治攻坚战。目前，我国环境形势依然严峻，大气、水、土壤等污染问题仍较突出。要明确目标任务，到 2020 年使主要污染物排放总量大幅减少，生态环境质量总体改善。要打几场标志性的重大战役，打赢蓝天保卫战，打好柴油货车污染治理、城市黑臭水体治理、渤海综合治理、长江保护修复、水源地保护、农业农村污染治理攻坚战，确保明显见效。要细化打好污染防治攻坚战的重大举措，尊重规律，坚持底线思维。各级党委、各部门党组（党委）要把污染防治放在各项工作的重要位置，层层抓落实，动员社会各方力量，群防群治。要坚持源头防治，调整"四个结构"，做到"四减四增"：一是要调整产业结构，减少过剩和落后产业，增加新的增长动能；二是要调整能源结构，减少煤炭消费，增加清洁能源使用；三是要调整运输结构，减少公路运输量，增加铁路运输量；四是要调整农业投入结构，减少化肥农药使用量，增加有机肥使用量。要坚持统筹兼顾、系统谋划，体现差别化，体现奖优罚劣，避免影响群众生活。

第四节　全面建成小康社会开启现代化新征程

伟大的奋斗目标具有强大的引领、凝聚和激励作用。在不同历史时期和发展阶段，根据人民意愿和事业发展需要，提出具有科学性、导向性和感召力的奋斗目标，是我们党团结带领人民推进党的事业和国家建设的一条重要经验。决胜全面建成小康社会的如期完成，必将为开启全面建设社会主义现代化国家新征程打下坚实基础。

一、我国社会主义现代化建设的战略安排

现代化是历史的、发展的概念，没有固定的模式和唯一的道路，它是全社会范围、一系列现代要素以及组合方式连续发生的由低级到高级的突破性的变化或变革的过程。中国共产党始终把建设一个强大的社会主义现代化国家作为自己革命、建设和改革发展的目标，号召全党和全国各族人民为实现现代化而奋斗。

早在新民主主义革命时期，我党就提出为中国的工业化和农业近代化而斗争。在中国共产党第七次全国代表大会上，毛泽东提出："在新民主主义的政治条件获得之后，中国人民及其政府必须采取切实的步骤，在若干年内逐步地建立重工业和轻工业，使中国由农业国变为工业国。""中国工人阶级的任务，不但是为着建立新民主主义的国家而斗争，而且是为着中国的工业化和农业近代化而斗争。"在新中国成立前夕的中共七届二中全会上，毛泽东提出了"在革命胜利后，迅速地恢复和发展生产……使中国稳步

地由农业国转变为工业国，把中国建设成一个伟大的社会主义国家"的思想。

新中国成立后，毛泽东等党和国家领导人开始探索国家建设道路，逐步形成了"四个现代化"思想。在新中国成立初期，我党提出要实现工业、农业、国防、交通运输的现代化。1953年，在毛泽东亲自修改和审定的《关于党在过渡时期总路线的学习和宣传提纲》中指出："我国在国民经济发展水平上还是落后的、贫穷的农业国，还是不能自己制造汽车、拖拉机、飞机，不能自己制造重型的和精密的机器，没有现代国防工业的国家。"因此提出："我们党和全国人民的基本任务就是要改变国家的这种经济状况，在经济上由落后的贫穷的农业国家，变为富强的社会主义的工业国家。这就需要实现国家的社会主义工业化，使我国有强大的重工业可以自己制造各种必要的工业装备，使现代化工业能够完全领导整个国民经济而在工农业生产总值中占居绝对优势，使社会主义工业成为我国唯一的工业。实现国家的社会主义工业化，就可以促进农业和交通运输业的现代化，就可以建立和巩固现代化的国防"。在1954年9月召开的第一次全国人民代表大会第一次会议上，周恩来在《政府工作报告》中再次强调："如果我们不建设起强大的现代化的工业、现代化的农业、现代化的交通运输业和现代化的国防，我们就不能摆脱落后和贫困，我们的革命就不能达到目的。"1957年2月，毛泽东在最高国务会议第十一次（扩大）会议上提出："将我国建设成为一个具有现代工业、现代农业和现代科学文化的社会主义国家。"1964年12月，周恩来代表国务院在《政府工作报告》中正式向全世界宣告："今后发展国民经济的主要任务，总的来说，就是要在不太长的历史时期内，把我国建设成为一个具有现代农业、现代工业、现代国防和现代科学技术的社会主义强国，赶上和超过世界先进水平。"在这些正确思想的引导下，经过探索发展，我国基本形成独立的国民经济体系。由于我们的经验不足，党的指导思想也曾经发生"左"的错误，国家现代化建设走了一段弯路。然而，现代化思想一直牢牢印在中国共产党和人民的心中。1975 年 1 月，周恩来在四届全国人大一次会议上，重申"四个现代化"。

改革开放后，邓小平坚持"四个现代化"目标，并根据我国社会主义初级阶段的基本国情形成了"三步走"战略，这是改革开放后我们党提出的第一个现代化发展战略。在"三步走"战略指引下，我国经济持续快速发展，到 1990 年基本解决了人民的温饱问题，到 2000 年我国总体上步入小康社会，"三步走"战略的前两步提前实现。

1997 年，党的十五大根据世纪之交中国发展阶段的新特点，对我国现代化建设的第三步发展战略作出了新的具体部署，提出了"两个百年目标"：到中国共产党成立一百年时，使国民经济更加发展，各项制度更加完善；到新中国成立一百年时，基本实现现代化，建成富强民主文明的社会主义国家。

2002 年，党的十六大首次提出全面建设小康社会，这一目标成为中国经济社会发展的主题，也成为中国社会主义现代化阶段核心目标。2007 年，党的十七大再次强调第一个百年目标，提出了全面建设小康社会的更高要求。

2012 年，党的十八大将本世纪上半叶社会主义现代化总任务概括为：在中国共产党成立一百年时，全面建成小康社会；在新中国成立一百年时，建立富强民主文明和谐的社会主义现代化国家。根据"五位一体"的社会主义现代化总体布局，在新的历史起点下，对全面建成小康目标进行了进一步充实和完善，提出了两个量化指标：到 2020 年，实现国内生产总值和城乡居民人均收入比 2010 年翻一番。

党的十九大明确了中国特色社会主义进入新时代的历史方位，在综合分析国际国内形势和我国发展条件的基础上，明确在全面建成小康社会后，从 2020 年到本世纪中叶的 30 年，全面建设社会主义现代化国家分两个阶段来安排，每个阶段 15 年，最终实现社会主义现代化强国的伟大目标。

[知识链接]

40 年来中国经济建设取得伟大成就

40 年来，我们始终坚持以经济建设为中心，不断解放和发展社会生产力，我国国内生产总值由 3679 亿元增长到 2017 年的 82.7 万亿元，年均实际增长 9.5%，远高于同期世界经济 2.9% 左右的年均增速。我国国内生产总值占世界生产总值的比重由改革开放之初的 1.8% 上升到 15.2%，多年来对世界经济增长贡献率超过 30%。我国货物进出口总额从 206 亿美元增长到超过 4 万亿美元，累计使用外商直接投资超过 2 万亿美元，对外投资总额达到 1.9 万亿美元。我国主要农产品产量跃居世界前列，建立了全世界最完整的现代工业体系，科技创新和重大工程捷报频传。我国基础设施建设成就显著，信息畅通，公路成网，铁路密布，高坝蠹立，西气东输，南水北调，高铁飞驰，巨轮远航，飞机翱翔，天堑变通途。现在，我国是世界第二大经济体、制造业第一大国、货物贸易第一大国、商品消费第二大国、外资流入第二大国，我国外汇储备连续多年位居世界第一，中国人民在富起来、强起来的征程上迈出了决定性的步伐！

——习近平：《在庆祝改革开放40周年大会上的讲话》

二、开启全面建设社会主义现代化新征程

从现在到2020年，是全面建成小康社会决胜期。要按照全面建成小康社会各项要求，紧扣我国社会主要矛盾变化，统筹推进经济建设、政治建设、文化建设、社会建设、生态文明建设，坚定实施科教兴国战略、人才强国战略、创新驱动发展战略、乡村振兴战略、区域协调发展战略、可持续发展战略、军民融合发展战略，突出抓重点、补短板、强弱项，特别是要坚决打好防范化解重大风险、精准脱贫、污染防治的攻坚战，使全面建成小康社会得到人民认可、经得起历史检验。

从全面建成小康社会到基本实现现代化，再到全面建成社会主义现代化强国，是新时代中国特色社会主义发展的战略安排。在全面建成小康社会后，全面建成社会主义现代化国家分两个阶段安排。

第一个阶段，从2020年到2035年，在全面建成小康社会的基

础上，再奋斗 15 年，基本实现社会主义现代化。到那时，我国经济实力、科技实力将大幅跃升，跻身创新型国家前列；人民平等参与、平等发展权利得到充分保障，法治国家、法治政府、法治社会基本建成，各方面制度更加完善，国家治理体系和治理能力现代化基本实现；社会文明程度达到新的高度，国家文化软实力显著增强，中华文化影响更加广泛深入；人民生活更为宽裕，中等收入群体比例明显提高，城乡区域发展差距和居民生活水平差距显著缩小，基本公共服务均等化基本实现，全体人民共同富裕迈出坚实步伐；现代社会治理格局基本形成，社会充满活力又和谐有序；生态环境根本好转，美丽中国目标基本实现。

第二个阶段，从 2035 年到本世纪中叶，在基本实现现代化的基础上，再奋斗 15 年，把我国建成富强民主文明和谐美丽的社会主义现代化强国。到那时，我国物质文明、政治文明、精神文明、社会文明、生态文明将全面提升，实现国家治理体系和治理能力现代化，成为综合国力和国际影响力领先的国家，全体人民共同富裕基本实现，我国人民将享有更加幸福安康的生活，中华民族将以更加昂扬的姿态屹立于世界民族之林。

中国现代化战略布局不是一次性完成的，而是在不断认识，反复实践、探索、创新之后形成的，在不断拓展中深化。党的十九大确定从 2020 年到 2050 年的 30 年将分两个阶段来安排，每个阶段 15 年，我国社会主义现代化建设的时间表、路线图更加清晰了。两个阶段全面建设社会主义现代化国家，是习近平新时代中国特色社会主义思想的重要组成部分，是新时代具有开创意义的社会主义现代化发展理论。

第五节 全面建成小康社会的世界影响

改革开放 40 年来，中国发展为广大发展中国家走向现代化提供了成功经验、展现了光明前景，是促进世界和平与发展的强大力量，是中华民族对人类文明进步作出的重大贡献。到 2020 年，中国实现全面小康社会将会促进国际千年目标的实现，将进一步促进人类社会发展，推动世界经济增长，创新全球治理模式，为世界和平与发展作出新的重大贡献。

一、促进人类社会发展

作为世界上人口最多的发展中国家，建成惠及十几亿人口的全面小康社会，将实实在在促进人类减贫和人的全面发展，为人类社会发展贡献中国力量。

一方面，促进人类减贫。在西方世界眼中，社会主义中国一度是"贫穷"的代名词。直到改革开放之前，中国贫困人口数量依然众多。按人均每日支出不足 1.9 美元的国际贫困线标准，1981 年中国绝对贫困人口数量为 8.35 亿人，占世界总量的比重为 43.1%。1981—2012 年，中国贫困人口减少了 7.9 亿，超过世界人口大国美、俄、日、德四国人口的总和，占全球全部减贫人口的 72%。按我国现行农村贫困人口标准，2012—2017 年，中国有 6000 多万贫困人口稳定脱贫，贫困发生率从 10.2% 下降到 4% 以下。改革开放 40 年来，在中国共产党的领导下，中国的社会生产力、综合国力实现了历史性跨越，人民生活实现了从贫困到温饱再到总体小康的历史性跨越。8亿多农村贫困人口成功脱贫，这不仅使中国彻底抛掉了"东亚病夫"的帽子，而且成为世界上率先完成联合国千年发展目标的国家，为人类战胜贫困、为全球减贫事业作出了重大贡献，为发展中国家寻找发展道路提供了成功的实例。中国的减贫实践证明，贫困并非不可战胜。中国减贫的成就得到了国际社会的广泛赞誉。联合国粮农组织总干事若泽·格拉齐亚诺·达席尔瓦在谈及中国成功减贫给世界的启示时说，中国的努力是使全球贫困和饥饿人口减少的最大因素。世界银行将中国减贫成就称为"迄今人类历史上最快速度的大规模减贫"——这样的"中国奇迹"何以发生，成为全球减贫事业的历史之问。

另一方面，促进人的全面发展。全面建成小康社会将促进人的全面发展作为价值目标追求，体现了社会主义的核心价值理念，是社会主义制度优越性的具体体现，体现了人类社会发展的必然趋势和发展规律。党的十八大明确提出到2020年全面建成小康社会，要在促进人的全面发展上取得新成效。联合国开发计划署在《1990年人文发展报告》中，首次使用了人类发展指数（HDI）来衡量联合国各成员国经济社会发展水平。这个指数最突出的特点就是强调，人类的发展不应只关注经济增长，还要重视教育、医疗、幸福感和体面工作等方面，应更加注重人的全面发展。联合国开发计划署发布的《2018年人类发展指数报告》显示，中国人类发展指数大幅提高至0.752，比1990年的0.502提高了0.25，平均每年增速1.51％，是世界平均增速的两倍。中国已从"中等人类发展指数"国家，迈入"高人类发展指数"国家的行列，在189个国家中排名第86位。

二、促进世界经济发展

习近平总书记指出，全面建成小康社会，实现社会主义现代化，实现中华民族伟大复兴，最根本最紧迫的任务还是进一步解放和发展社会生产力。这就要求我们必须将发展作为第一要务，把经济建设作为中心任务。中国全面建成小康社会将进一步增强中国对世界经济增长的贡献，同时，也为世界各国经济的发展带来机遇。

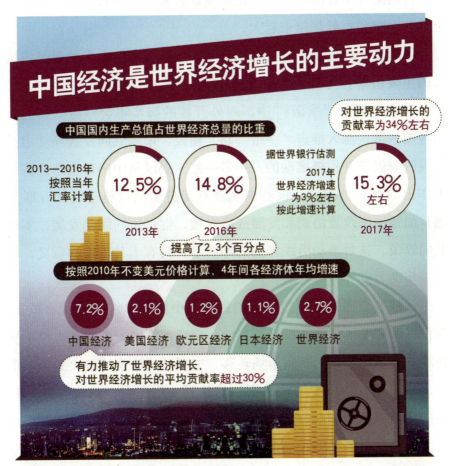

中国经济是世界经济增长的主要动力 　　　　　（新华社发　边纪红／制图）

改革开放 40 年来，中国经济以年均 9.5％的速度高速增长，中国经济占世界经济总量的比重从 1％提高到 15％。今天，中国已经是全球第二大经济体（2010 年）、第一大货物贸易国（2013 年）、第二大服务贸易国（2015 年）、第三大对外投资国（2013 年）、第一大外汇储备国（2006 年）。在全球贸易体系中，中国是日益重要的经济贸易体，对世界经济贸易体系的影响越来越大。国际金融危机以后，中国对全球经济增长的平均贡献率在 30％以上，而发达国家普遍陷入了经济低迷。无论是贸易投资还是经济增长，我们对全球的影响和贡献都越来越大。

伴随着全面建成小康社会的进程，中国将继续成为世界经济增长的主要引擎。习近平主席在 2017 年亚太经合组织工商领导人峰会上向全世界庄严承诺："中国对外开放的脚步不会停滞。我们将同各国一道，深入推进'一带一路'建设，增添共同发展新动力。"中国政府倡导并积极推动的"一带一路"倡议是中国对全球经济治理作出的重大贡献，其核心内涵就是促进基础设施建设和互联互通，加强经济政策协调和发展战略对接，促进协同联动发展，实现共同繁荣。这对推动沿线各国的经济增长具有十分重要的意义，将进一步助力世界经济发展。

伴随着全面建成小康社会的进程，中国需求将持续强劲释放，为世界经济发展带来新机遇。当前，全球范围内，消费者力量正从传统欧美发达市场向新兴市场转移，中国已成为全球最大的消费市场。2020 年，中国中等收入群体将达到 6 亿左右，总消费为 2010 年的 3 倍以上，届时将释放 64 万亿元购买力，有望成为世界规模最大的进口市场和增长最快的进口市场。2018 年 11 月在上海举办的首届中国国际进口博览会，在国际国内产生了巨大影响。预计未来 5 年，中国还将进口超过 10 万亿美元的商品，出境旅游等人数将超过 6 亿人次。庞大的"中国市场"将成为引领全球经济持续增长的新动力。

三、拓展发展道路选择

2014 年 4 月，习近平主席在比利时布鲁日欧洲学院的演讲中指出，"独特的文化传统，独特的历史命运，独特的国情，注定了中国必然走适合自己特点的发展道路"。在一个落后的大国里推动改革与发展，这在世界上没有先例，在国际范围内也是一种试验。邓小平认为，中国的改革如果成功了，可以对世界上"不发达国家的发展提供某些经验"。《中共中央关于全面深化改革若干重大问题的决定》在论述改革开放的成功经验时，特别强调："最重要的是，坚持党的领导，贯彻党的基本路线，不走封闭僵化的老路，不走改旗易帜的邪路，坚定走中国特色社会主义道路，始终确保改革正确方向。"中国现代化发展道路，它既不同于欧美国家的发展道路，是一条非西方化的发展道路；也不同于"亚洲四小龙"等国家和地区的发展道路，是一条非资本主义化的发展道路；也不同于苏联式的发展道路，是一条破除计划经济的发展道路；而是走出了一条社会主义和市场经济相结合的发展道路。

美国哈佛大学教授约瑟夫·奈曾预言："比中国的经济影响更为重要的是，中国倡导的政治价值观念、社会发展方式、对外政策，会在国际社会产生越来越大的影响力和共鸣。"中国对未来世界的贡献不仅在于经济增长等硬贡献，而且还在于中国发展模式创新和世界社会主义制度创新等软贡献。中国实现全面建成小康社会的发展道路，意味着中国特色社会主义道路、理论、制度、文化不断发展，显示了科学社会主义在 21 世纪的中国焕发出的强大生机活力，拓展了发展中国家走向现代化的途径，给世界上那些既希望加快发展又希望保持自身独立性的国家和民族提供了发展道路选择，彰显了中国特色社会主义的道路自信、理论自信、制度自信、文化自信，为解决人类问题贡献了中国智慧和中国方案。

[案　例]

中非合作论坛擘画中非合作共赢、共同发展的新蓝图

　　中国是世界上最大的发展中国家，非洲是发展中国家最集中的大陆，中非发展战略高度契合，中非合作发展互有需要、互有优势，合作共赢、共同发展，迎来了难得的历史性机遇。2015 年中非合作论坛约翰内斯堡峰会以来，中国全面落实约翰内斯堡峰会上确定的中非"十大合作计划"，一大批铁路、公路、机场、港口等基础设施以及经贸合作区陆续建成或在建设之中，中非和平安全、科教文卫、减贫惠民、民间交往等合作深入推进。"十大合作计划"给中非人民带来丰硕成果，展现了中非共同的创造力、凝聚力、行动力，将中非全面战略合作伙伴关系成功推向新的高度。2018 年中非合作论坛约翰内斯堡峰会在推进中非"十大合作计划"基础上重点实施"八大行动"，展现了中非全

面加强各领域务实合作的坚定决心，也体现了中非优势互补、互利共赢的合作理念。产业促进、设施联通、贸易便利、绿色发展、能力建设、健康卫生、人文交流、和平安全"八大行动"，把中非共建"一带一路"、非洲联盟《2063年议程》、联合国《2030年可持续发展议程》、非洲各国发展战略紧密结合起来，既在传统优势领域深耕厚植，也在新经济领域培育亮点，为中非合作发掘了新的合作潜力、开拓了新的合作空间。

～ 本章小结 ～

全面建成小康社会，是我们党向人民、向历史作出的庄严承诺，是中国共产党提出的"两个一百年"奋斗目标的第一个百年奋斗目标，是中国特色社会主义进入新时代的重大历史任务，是中华民族伟大复兴进程中的重要里程碑。中国特色社会主义进入新时代，标明了决胜全面建成小康社会的历史方位。决胜全面建成小康社会，要始终围绕全面小康的目标要求，紧扣新时代社会主要矛盾变化，沉着应对问题和挑战，统筹推进"五位一体"总体布局，重点打好防范化解重大风险、精准脱贫、污染防治三大攻坚战，使全面建成小康社会得到人民认可、经得起历史检验。决胜全面建成小康社会，必将进一步激发和汇聚实现中华民族伟大复兴的磅礴力量，必将为开启全面建设社会主义现代化国家新征程打开坚实的前进通道，必将为到新中国成立一百年时把我国建设成为社会主义现代化强国提供强有力的保障。全面建成小康社会的如期完成，我国国际影响力、感召力、塑造力将进一步提高，将进一步促进人类社会发展，推动世界经济增长，拓展发展道路选择，为世界和平与发展作出新的重大贡献。

【思考题】

　　1. 如何理解全面建成小康社会的"全面"内涵？

　　2. 如何评价全面建成小康社会的世界意义和世界影响？

第二章
统筹推进"五位一体"总体布局

党的十九大对我国社会主义现代化建设作出新的战略部署，明确以"五位一体"总体布局推进中国特色社会主义事业，并从经济、政治、文化、社会、生态文明五个方面制定了统筹推进"五位一体"总体布局的战略目标，这是新时代推进中国特色社会主义事业的路线图，也是决胜全面建成小康社会的总号角。把握"五位一体"的总体布局，要深刻理解经济建设、政治建设、文化建设、社会建设和生态文明建设的丰富内涵以及它们之间的相互

《决胜全面建成小康社会 夺取新时代中国特色社会主义伟大胜利》

关系，坚持全面推进、协调发展，形成经济富裕、政治民主、文化繁荣、社会公平、生态良好的发展格局，努力把我国建设成为富强民主文明和谐美丽的社会主义现代化强国。

第一节 建设现代化经济体系

我国经济已由高速增长阶段转向高质量发展阶段，正处在转变发展方式、优化经济结构、转换增长动力的攻关期。建设现代化经济体系既是跨越这一历史关口的迫切要求，是我国经济社会长远发展的战略目标，也是决胜全面建成小康社会的必由之路。

一、高质量发展呼唤建设现代化经济体系

习近平总书记指出，建设现代化经济体系，是党中央从党和国家事业全局出发，着眼于实现"两个一百年"奋斗目标、顺应中国特色社会主义进入新时代的新要求作出的重大决策部署。国家强，经济体系必须强。只有形成现代化经济体系，才能更好顺应现代化发展潮流和赢得国际竞争主动，也才能为其他领域现代化提供有力支撑。

在决胜全面建成小康社会的关键时期，我国经济发展也进入了新常态，经济增长由高速度转为中高速度。从国际经验看，一个国家在经历了一段时间的高速增长后，都毫无例外地出现了增速放缓的情况。尽管经济增长率下降，但是经济新增总量越来越大，对全球的贡献率也进一步增大。

提高发展质量是建设现代化经济体系的关键。在速度有所下降的同时，靠什么来保证我国经济更加高质量地发展？从国际经验和我国实践看，创新驱动代替要素投入成为拉动经济增长的主要力量，产业结构更加合理、消费对经济增长的基础性作用更加显著、经济繁荣将惠及更广大的人民群众，这是保证经济高质量发展的基

本要件。目前，我国正处在速度向质量转化的关键时期，也就是从"有没有"转向"好不好"阶段，经济增长的方式、产业结构、动力、经济发展成果的分配等，都在发生重大变化。建设现代化经济体系，既是高质量发展的内在要求，也为我国经济转型升级明确了目标与路径，同时也是决胜全面小康的重要保证。我们要按照建设社会主义现代化强国的要求，加快建设现代化经济体系，推动中国经济高质量发展。

二、现代化经济体系的内涵

所谓现代化经济体系，是由社会经济活动各个环节、各个层面、各个领域的相互关系和内在联系构成的一个有机整体。主要包括以下七个方面的内容：

一是创新引领、协同发展的产业体系。其基本特征是：实体经济、科技创新、现代金融、人力资源协同发展。为此要使科技创新在实体经济发展中的贡献份额不断提高，现代金融服务实体经济的能力不断增强，人力资源支撑实体经济发展的作用不断得以优化。

二是统一开放、竞争有序的市场体系。其基本特征是：市场准入畅通、市场开放有序、市场竞争充分、市场秩序规范。为此要加快形成企业自主经营公平竞争、消费者自由选择自主消费、商品和要素自由流动平等交换的现代市场体系。

三是体现效率、促进公平的收入分配体系。其基本特征是：收入分配合理、社会公平正义、全体人民共同富裕。为此要积极推进基本公共服务均等化，逐步缩小收入分配差距。

四是彰显优势、协调联动的城乡区域发展体系。其基本特征是：区域良性互动、城乡融合发展、陆海统筹整体优化。为此要培育和发挥区域比较优势，加强区域优势互补，塑造区域协调发展新格局。

五是资源节约、环境友好的绿色发展体系。其基本特征是：绿色循环低碳发展、人与自然和谐共生。为此要牢固树立和践行绿水青山就是金山银山理念，形成人与自然和谐发展的现代化建设新格局。

六是多元平衡、安全高效的全面开放体系。其基本特征是：更高层次的开放型经济。为此要推动开放朝着优化结构、拓展深度、提高效益方向转变。

七是充分发挥市场作用、更好发挥政府作用的经济体制。其基本特征是：市场发挥配置资源的决定性作用与政府更好地发挥作用。为此要努力实现市场机制有效、微观主体有活力、宏观调控有度。

三、建设现代化经济体系的主要抓手

建设现代化经济体系，推动经济高质量发展，既是一个重大理论命题，更是一个重大实践课题。党的十九大指出，建设现代化经济体系要以供给侧结构性改革为主线，努力推动经济发展质量变革、效率变革、动力变革。今后一个时期，应主要抓好以下几个方面的工作。

一是要深入推进供给侧结构性改革，释放现代化经济体系的市场力量。习近平总书记多次指出，当前和今后一个时期，我国经济发展面临的问题，供给和需求两侧都有，但矛盾的主要方面在供给侧。供给侧一旦实现了成功的变革，市场就会以波澜壮阔的交易生成进行回应。推进供给侧结构性改革，要从生产端入手，重点是促进产能过剩有效化解，促进产业优化重组，降低企业成本，发展战略性新兴产业和现代服务业，增加公共产品和服务供给，提高供给结构对需求变化的适应性和灵活性。

二是要大力发展实体经济，筑牢现代化经济体系的坚实基础。实体经济是我国经济的立身之本，是财富创造的根本源泉，是国家强盛的重要支柱。要把提高供给体系质量作为主攻方向，显著增强我国经济质量优势。要推动资源要素向实体经济集聚、政策措施向实体经济倾斜、工作力量向实体经济加强，营造脚踏实地、勤劳创业、实业致富的发展环境和社会氛围。要加快发展先进制造业，促进我国产业迈向全球价值链中高端，培育若干世界级先进制造业集群。要努力推动互联网、大数据、人工智能同实体经济深度融合，在中高端消费、创新引领、绿色低碳、共享经济、现代供应链、人力资本服务等领域培育新增长点、形成新动能。要支持传统产业优化升级，加快发展现代服务业，瞄准国际标准提高水平。

三是要加快实施创新驱动发展战略，强化现代化经济体系的战略支撑。创新是引领发展的第一动力。中美贸易摩擦日益加剧，我国高技术产业遭遇的阻击表明，我们必须要有自己的核心技术，核心技术是买不来的，也是靠市场换不来的，必须靠自己艰苦创新。为此，必须加强国家创新体系建设，强化战略科技力量，推动科技创新和经济社会发展深度融合，塑造更多依靠创新驱动、更多发挥先发优势的引领型发展。要瞄准世界科技前沿，强化基础研究，实现前瞻性基础研究、引领性原创成果重大突破。要加强应用基础研究，拓展实施国家重大科技项目，突出关键共性技术、前沿引领技术、现代工程技术、颠覆性技术创新，为建设科技强国、质量强国、航天强国、网络强国、交通强国、数字中国、智慧社会提供有力支撑。要深化科技体制改革，倡导创新文化，培养造就一大批具有国际水平的战略科技人才、科技领军人才、青年科技人才和高水平创新团队。

四是要积极推动城乡区域协调发展，优化现代化经济体系的空间布局。要建立健全城乡融合发展体制机制和政策体系，加快推进农业农村现代化。要巩固和完善农村基本经营制度，深化农村土地制度改革，大力发展现代农业。要加快乡村振兴，确保广大农村和城市同步实现现代化。要加快农业转移人口市民化，实现基本公共服务均等化。要建立更加有效的区域协调发展新机制，形成东中西协调发展的新格局。要继续实施好区域协调发展总体战略，推动京津冀协同发展，稳步推进雄安新区建设，加强长江经济带的保护，不搞大开发，协调推进粤港澳大湾区发展，建立更加有效的区域协调发展新机制。

五是要着力发展开放型经济，提高现代化经济体系的国际竞争力。开放带来进步，封闭必然落后。要更好利用全球资源和市场，积极推进"一带一路"框架下的国际交流合作。要培育贸易新业态新模式，推进贸易强国建设。要实行高水平的贸易和投资自由化便利化政策，全面实行准入前国民待遇加负面清单管理制度，大幅度放宽市场准入，扩大服务业对外开放。要创新对外投资方式，促进国际产能合作，加快培育国际经济合作和竞争新优势。

六是要深化经济体制改革，完善现代化经济体系的制度保障。加快完善社会主义市场经济体制，坚决破除各方面体制机制弊端，激发全社会创新创业活力。经济体制改革必须以完善产权制度和要素市场化配置为重点，实现产权有效激励、要素自由流动、价格反应灵活、竞争公平有序、企业优胜劣汰。要完善各类国有资产管理体制，深化国有企业改革。要创造良好的市场环境，大力支持民营企业和民营经济发展。要深化商事制度改革，打破行政性垄断。要创新和完善宏观调控，健全财政、货币、产业、区域等经济政策协调机制。要完善促进消费的体制机制，增强消费对经济发展的基础性作用。要深化投融资体制改革，发挥投资对优化供给结构的关键性作用。要加快建立现代财政制度，建立权责清晰、财力协调、区域均衡的中央和地方财政关系。要深化金融体制改革，增强金融服务实体经济的意愿和能力。

[知识链接]

2016、2017 年我国供给侧结构性改革"成绩单"

根据国家统计局发布的数据，2016 年我国供给侧结构性改革取得如下成绩：

1. 钢铁去产能 4500 万吨、煤炭去产能 2.5 亿吨。

2. 全国商品房待售面积同比下降 3.2%，其中住宅待售面积同比下降 11.0%。

3. 全国规模以上工业企业资产负债率为 55.8%，比上年末下降 0.4 个百分点。

4. 规模以上工业企业每百元主营业务收入中的成本为 85.52 元，比上年下降 0.1 元。降低企业成本超 1 万亿元。

5. 加大了脱贫攻坚、基础设施建设、产业升级改造等补短板重点领域的投入。

根据国家统计局发布的数据，2017年我国供给侧结构性改革取得如下成绩：

1. 全年全国工业产能利用率为77.0%，比上年提高3.7个百分点。其中，煤炭开采和洗选业产能利用率为68.2%，比上年提高8.7个百分点；黑色金属冶炼和压延加工业产能利用率为75.8%，提高4.1个百分点。

2. 年末商品房待售面积58923万平方米，比上年末减少10616万平方米。其中，商品住宅待售面积30163万平方米，减少10094万平方米。

3. 年末规模以上工业企业资产负债率为55.5%，比上年末下降0.6个百分点。

4. 全年工业企业每百元主营业务收入中的成本为84.92元，比上年下降0.25元。

5. 全年环境治理业、公共设施管理业、农业固定资产投资（不含农户）分别比上年增长23.9%、21.8%和16.4%。

第二节　发展社会主义民主政治

习近平总书记指出，人民民主是社会主义的生命。没有民主就没有社会主义，就没有社会主义的现代化，就没有中华民族伟大复兴。发展社会主义民主政治就是要体现人民意志、保障人民权益、激发人民创造活力，用制度体系保证人民当家作主。在决胜全面建成小康社会的进程中，发展社会主义民主政治是内在的必然要求，具有重大的现实意义。

一、坚持走中国特色社会主义政治发展道路

以什么样的思路来谋划和推进中国特色社会主义民主政治建设，在国家政治生活中具有管根本、管长远的作用。古今中外，由于政治发展道路选择错误而导致社会动荡、国家分裂、人亡政息的例子比比皆是，中国决不能在这个根本性问题上出现颠覆性错误。习近平总书记强调，中国是一个发展中大国，坚持正确的政治发展道路更是关系根本、关系全局的重大问题。世界上没有完全相同的政治模式，一个国家实行什么样的政治制度，走什么样的政治发展道路，必须与这个国家的国情和性质相适应。改革开放以来，我们党团结带领人民在发展社会主义民主政治方面取得了重大进展，成功开辟和坚持了中国特色社会主义政治发展道路，为实现最广泛的人民民主确立了正确方向。

中国特色社会主义政治发展道路，是中国人民在改革开放和社会主义现代化建设过程中的历史性选择。习近平总书记指出："中国社会主义民主政治具有强大生命力，中国特色社会主义政治发展道路是符合中国国情、保证人民当家作主的正确道路。"中国特色社会主义政治发展道路，既有科学的指导思想，又有严谨的制度安排；既有明确的价值取向，又有有效的实现形式和可靠的推动力量。这一政治发展道路的核心思想、主体内容、基本要求，都在宪

法中得到了确认和体现，其精神实质紧密联系而又相互贯通和相互促进。

走中国特色社会主义政治发展道路，必须始终保持政治定力。如果政治定力不足、政治自信不够，走偏了方向，走了歪路，走了邪路，走了错路，不仅政治文明建设很难搞好，而且会给党和人民的事业带来损害。我们不闭门造车，要借鉴国外政治文明有益成果，过去借鉴，现在借鉴，今后仍会借鉴，但绝不能邯郸学步，绝不能照搬照抄，甚至放弃中国政治制度的根本。习近平总书记强调，照抄照搬他国的政治制度行不通，会水土不服，会画虎不成反类犬，甚至会把国家前途命运葬送掉。不能割断历史，不能想象突然就搬来一座政治制度上的"飞来峰"。要坚定对中国特色社会主义政治制度的自信，增强走中国特色社会主义政治发展道路的信心和决心。

二、坚持党的领导、人民当家作主、依法治国有机统一

坚持党的领导、人民当家作主、依法治国有机统一，是中国特色社会主义政治发展道路的关键所在，是社会主义民主政治的必然要求。党的领导是人民当家作主和依法治国的根本保证，人民当家作主是社会主义民主政治的本质特征，依法治国是党领导人民治理国家的基本方式，三者统一于我国社会主义民主政治伟大实践。

党的领导是人民当家作主和依法治国的根本保证。中国特色社会主义最本质的特征是中国共产党领导，中国特色社会主义制度的最大优势是中国共产党领导。党政军民学，东西南北中，党是领导

一切的。中国共产党的领导是近现代历史发展进程中，中国人民进行民主革命斗争和社会主义革命建设的历史性选择。只有从源头上深刻认识中国共产党的领导和中国特色社会主义的关系，才能准确把握党的领导对人民当家作主、依法治国的根本保障作用。要坚持发挥党总揽全局、协调各方的领导核心作用，改进和完善党的领导方式和执政方式，善于使党的主张通过法定程序成为国家意志，善于使党组织推荐的人选通过法定程序成为国家政权机关的领导人员，善于通过国家政权机关实施党对国家和社会的领导，善于运用民主集中制原则维护党和国家权威、维护全党全国团结统一，切实提高党把握方向、谋大局、定政策、促改革的能力和定力，不断提高党的科学执政、民主执政、依法执政水平。

人民当家作主是社会主义民主政治的本质和核心。人民立场是中国共产党的根本政治立场，是马克思主义政党区别于其他政党的显著标志。坚守人民立场，尊重人民主体地位，保证人民当家作主，是坚持党的领导的根本要求，也是全面依法治国的根本目的。发展社会主义民主政治，必须坚持以人民为中心的思想，不断改革和完善社会主义政治体制，把人民对于美好生活的向往变成社会主义民主政治建设的伟大实践，用健全的制度体系保证人民当家作主。

依法治国是党领导人民治理国家的基本方式。全面推进依法治国，一个重要目的就是提高党治国理政的民主化和法治化水平。我国宪法和法律是党的主张和人民意志相统一的体现，党领导人民制定了宪法和法律，党和人民又在宪法和法律范围内活动。依法治国不仅从制度上保证了党的领导，而且从制度上保证了人民当家作主。要弘扬社会主义法治精神，尊重和保障人权，保证人民依法享有广泛权利和自由，维护社会公平正义，实现国家各项工作的民主化和法治化。

三、发展适合我国国情的社会主义民主政治制度

一个国家的政治制度决定于这个国家的经济社会基础，同时又反作用于这个国家的经济社会基础，乃至起到决定性作用。中国实行工人阶级领导的、以工农联盟为基础的人民民主专政的国体，实行人民代表大会制度的政体，实行中国共产党领导的多党合作和政治协商制度，实行民族区域自治制度，实行基层群众自治制度，具有鲜明的中国特色。这样一整套的制度安排，是在我国历史传承、文化传统、经济社会发展的基础上长期发展、渐进改进、内生性演化的结果，是符合中国社会主义民主政治发展实际的，必须长期坚持、全面贯彻、不断发展。

人民代表大会制度是坚持党的领导、人民当家作主、依法治国有机统一的根本政治制度安排。在中国实行人民代表大会制度，是中国人民在人类政治制度史上的伟大创造，是深刻总结近代以来中国政治生活惨痛教训得出的基本结论，是中国社会100多年激越变革、激荡发展的历史结果，是中国人民翻身作主、掌握自己命运的必然选择。习近平总书记指出，人民代表大会制度是符合中国国情和实际、体现社会主义国家性质、保证人民当家作主、保障实现中华民族伟大复兴的好制度。在新时代的奋斗征程上，坚持和完善人民代表大会制度，必须毫不动摇坚持党的全面领导，必须保证和发展人民当家作主，必须坚持全面依法治国，必须坚持民主集中制。

中国共产党领导的多党合作和政治协商制度是我国的一项基本政治制度，是中国共产党、中国人民和各民主党派、无党派人士的伟大政治创造，也是从中国土壤中生长出来的新型政党制度。这一新型政党制度，是马克思主义政党理论同中国实际相结合的产物，能够真实、广泛、持久代表和实现最广大人民根本利益、全国各族各界根本利益，有效避免了旧式政党制度代表少数人、少数利益集团的弊端，有效避免了一党缺乏监督或多党轮流坐庄、恶性竞争的弊端，有效避免了旧式政党制度囿于党派利益、阶级利益、区域和集团利益决策施政导致社会撕裂的弊端。这一新型政党制度，不仅符合当代中国实际，而且符合中华民族一贯倡导的天下为公、兼容并蓄、求同存异等优秀传统文化，是对人类政治文明的重大贡献。在实现中华民族伟大复兴中国梦的征程中，要进一步坚定制度自信，发挥好我国新型政党制度的优势。

民族区域自治制度是我国的一项基本政治制度，是中国特色解决民族问题正确道路的重要内容和制度保障。民族区域自治制度符合我国国情，在维护祖国统一、领土完整，在加强民族平等团结、促进民族地区发展、增强中华民族凝聚力等方面都起到了重要作用。坚持和完善民族区域自治制度，要坚持统一和自治相结合、民族因素和区域因素相结合，把宪法和民族区域自治法的规定落实好，帮助民族自治地方发展经济、改善民生。

基层群众自治制度是我国的一项基本政治制度，是社会主义民主政治建设的基础和重要组成部分。完善基层民主制度，必须充分发挥党总揽全局、协调各方的领导核心作用，畅通民主渠道，健全基层选举、议事、公开、述职、问责等机制，促进群众在城乡社区治理、基层公共事务和公益事业中依法自我管理、自我服务、自我

村民参加村务监督员选举 　　　　　　　　　　（新华社发）

教育、自我监督，不断提高自身的能力和水平。

四、发挥社会主义协商民主的重要作用

　　中华民族有重视协商的好传统，"每有大事，必相咨访"。中国共产党历来重视协商。正如习近平总书记所说："在中国社会主义制度下，有事好商量，众人的事情由众人商量，找到全社会意愿和要求的最大公约数，是人民民主的真谛。"社会主义协商民主是中国共产党和中国人民的伟大创造，具有深厚的文化基础、理论基础、实践基础、制度基础，是实现党的领导的重要方式，是我国社会主义民主政治的特有形式和独特优势。

　　人民当家作主，从来都不是一句空话。人民是否享有民主权

利，要看人民是否在选举时有投票的权利，也要看人民在日常政治生活中是否有持续参与的权利；要看人民有没有进行民主选举的权利，也要看人民有没有进行民主决策、民主管理、民主监督的权利。在我们这个人口众多、幅员辽阔的社会主义国家，治国理政时在人民内部各方面进行广泛商量，发扬民主、集思广益，统一思想、凝聚共识，实现科学决策、民主决策，正是人民当家作主的具体体现。选举民主和协商民主相互补充、相得益彰，共同构成了中国社会主义民主政治的制度特点和优势。

要推动协商民主广泛、多层、制度化发展，统筹推进政党协商、人大协商、政府协商、政协协商、人民团体协商、基层协商以及社会组织协商。加强协商民主制度建设，形成完整的制度程序和参与实践，保证人民在日常政治生活中有广泛持续深入参与的权利。努力构建程序合理、环节完整的协商民主体系，加强中国特色新型智库建设，建立健全决策咨询制度。同时，要把这样一个纵向衔接、横向联动的社会主义协商民主体系，同逐步完善、不断发展的选举民主制度相配套、相促进，更好地把党的领导、人民当家作主、依法治国有机统一起来，建设中国特色社会主义民主政治。

人民政协作为统一战线的组织、多党合作和政治协商的机构、社会主义协商民主的重要渠道和专门协商机构，是国家治理体系的重要组成部分，是具有中国特色的制度安排。政协不是权力机关，不是决策机构，不是参政党，不是西方那种分权机构，也不是反对党发出不同声音的地方，而是各党派团体和各族各界人士发扬民主、参与国是、团结合作的重要平台。人民政协发挥作用不是靠强制约束力，而是靠协商主体多元、智力密集的政治影响力，靠"说得对""有用处"，建言资政，充分发挥好人民政协作为协商民主重要渠道和专门协商机构的作用。

第三节　推动社会主义文化繁荣兴盛

在决胜全面建成小康社会和统筹推进"五位一体"总体布局的过程中，文化承担着非常关键和基础的功能。可以说，没有高度的文化自信，没有文化的繁荣兴盛，小康社会的全面建成就会大打折扣，中华民族伟大复兴就会坎坷多多。因此，推动社会主义文化繁荣兴盛，是中国特色社会主义发展道路的题中应有之义和有机组成部分。

一、积极培育和践行社会主义核心价值观

积极培育和践行社会主义核心价值观，必须把核心价值观融入法治建设之中。《关于进一步把社会主义核心价值观融入法治建设的指导意见》指出："把社会主义核心价值观融入法治国家、法治政府、法治社会建设全过程，融入科学立法、严格执法、公正司法、全民守法各环节，以法治体现道德理念、强化法律对道德建设的促进作用"；"注重把一些基本道德规范转化为法律规范，把实践中行之有效的政策制度及时上升为法律法规，推动文明行为、社会诚信、见义勇为、尊崇英雄、志愿服务、勤劳节俭、孝亲敬老等方面的立法工作"。核心价值观融入法治建设之中，将会发挥越来越大的作用。

培育和践行社会主义核心价值观，必须认真汲取中华优秀传统

文化的思想精华和道德精髓。大力弘扬以爱国主义为核心的民族精神和以改革创新为核心的时代精神,深入挖掘和阐发中华优秀传统文化讲仁爱、重民本、守诚信、崇正义、尚和合、求大同的时代价值,使中华优秀传统文化成为涵养社会主义核心价值观的重要源泉。要处理好继承和创造性发展的关系,重点做好创造性转化和创新性发展。中华优秀传统文化蕴含了丰富的人文精神和价值规范,根据时代需求认真予以扬弃翻新,可以让中华优秀文化展现出长期魅力和价值引领作用,可以很好地为社会主义核心价值观的弘扬提供有效的助力。

培育和践行社会主义核心价值观,必须真正把核心价值观融入现实生活的各个层面、各个环节。应该通过长期的实践探索,通过家庭示范、学校教育、领导干部带头、社会名人践行等方式,通过行业规章、市民公约、乡规民约、学生守则等准则,把社会主义核心价值观转化为人们的情感认同和行为习惯,转化为工作、生活、交往的指导原则。

二、繁荣发展社会主义文艺

文艺可以深刻反映时代特色,有效引导时代风气。繁荣发展社会主义文艺,必须落实人民本位思想,坚持以人民为中心的创作导向。文艺应该反映人民的真正心声,应该努力为人民抒写,为人民抒情,为人民抒怀。要把满足人民精神文化需求作为文艺和文艺工作的出发点和落脚点,把人民作为文艺表现的主体,把人民作为文艺审美的鉴赏家和评判者,把为人民服务作为文艺工作者的天职。只有以人民为中心,文艺才能真正发挥出巨大的正能量。

　　繁荣发展社会主义文艺，必须把创作优秀文艺作品作为文艺工作的中心环节。坚持思想精深、艺术精湛、制作精良相统一的原则，也就是实现优秀内容和完美形式的高水平结合。要把提高作品的精神高度、文化内涵、艺术价值作为追求，创造出丰富多样的中国故事、中国形象、中国旋律，为世界贡献特殊的声响和色彩，展现特殊的诗情和意境。

　　繁荣发展社会主义文艺，必须遵循文艺规律和尊重创作个性。文艺规律是贯穿文艺创作、生产、传播、销售多个环节的因果必然性。文艺工作只有遵循这一规律才能成功。创作个性是每个创作者由于自己的经验积淀和知识积累而形成的审美特点，这一特点突出地表现在创作成果之中。只有尊重创作个性，作者的才华才可以得到尽情的释放，才能创作出深具特色的作品。

三、推动文化事业和文化产业发展

　　新时代社会主要矛盾的变化彰显了人民文化需求的提高。满足人民过上美好生活的新期待，必须提供丰富的精神食粮。在我国文化事业的发展中，必须解决公共文化服务不均等的问题，解决城乡之间、东中西部之间、发达地区和落后地区之间较为突出的差异问题。除通过财政转移支付等形式为农村、西部和落后地区筹措需要的文化经费外，还要在观念转变、人才引进和培训、体制创新等方面多下功夫。要深入实施文化惠民工程。在前几年广播电视村村通、全国文化信息资源共享工程完成的基础上，进一步创新和提升层次，设计推动适应新时代广大人民的新需要的文化项目和工程，在更高价值位次上丰富群众性文化活动。要充分利用社会化的力量。对于社会组织和企业能够完成的文化项目，政府没有必要再由自己承担，可以交给社会组织和企业，政府主要负责加强督查。还可以探索政府和社会资本合作及社会参与式管理的文化体制改革的方向。加强文化志愿服务工作，建立和完善文化志愿者注册招募、服务记录、管理评价和激励保障机制。

近几年，我国东部一些地区文化产业已经成为国民经济的支柱产业，在全国范围内，可以期望在数年间达到这一目标。为了推动文化产业发展，有必要推动我国文化产业结构和布局优化。在结构上应该加快发展动漫、游戏、创意设计等新型文化业态，推动"互联网+"对传统文化产业领域的整合。在布局上，应该实施差异化的区域文化产业发展战略，推动形成文化产业优势互补、联动发展的布局体系。为了推动文化产业发展，有必要实施一批具有示范带动效应的重点文化产业项目，培育一批集聚功能和辐射作用明显的文化产业园区。为了推动文化产业发展，必须加强文化市场监管与服务，完善和充分利用文化市场信用信息数据库。从总体上来看，文化产业发展的关键在于党的十九大所指出的，"健全现代文化产业体系和市场体系，创新生产经营机制，完善文化经济政策，培育新型文化业态"。

四、加快构建中国特色哲学社会科学

哲学社会科学是人们认识世界、改造世界的重要工具，是推动历史发展和社会进步的重要力量，其发展水平反映了一个民族的思维能力、精神品格、文明素质，体现了一个国家的综合国力和国际竞争力。在社会主义新时代需要加快构建中国特色哲学社会科学，满足中国特色社会主义实践的需要和人民精神生活的需要。

加快构建中国特色哲学社会科学，必须坚持马克思主义的指导。历史表明，马克思主义具有巨大真理威力和强大生命力，对人类认识世界、改造世界、推动社会进步仍然具有不可替代的作用。在构建中国特色哲学社会科学的过程中，马克思主义在立场、观点和方法上具有关键的指导作用，可以发挥政治灵魂、思想方向的功能。对于哲学社会科学工作者来说，坚持马克思主义的指导，应该解决真懂真信的问题，应该把马克思主义中国化最新成果贯穿研究和教学的全过程，应该坚持以人民为中心的研究导向，应该解答中国和世界发展中的各种困惑，应该把坚持和发展统一起来而不是对立起来。

加快构建中国特色哲学社会科学，必须立足中国当代实践。当代中国改革开放40年的社会主义实践是前无古人的伟大事业，提出了人类史上系列重大理论和实践问题，当代中国哲学社会科学必须围绕这一伟大实践展开，必须以广大人民正在做的事情为中心进行构建。2016年5月，习近平总书记在哲学社会科学工作座谈会上指出："从我国改革发展的实践中挖掘新材料、发现新问题、提出新观点、构建新理论，加强对改革开放和社会主义现代化建设实践经验的系统总结，加强对发展社会主义市场经济、民主政治、先进文化、和谐社会、生态文明以及党的执政能力建设等领域的分析研究，加强对党中央治国理政新理念新思想新战略的研究阐释，提炼出有学理性的新理论，概括出有规律性的新实践。"这是非常全面深刻的顶层设计和工作安排，系统地说明了当代哲学社会科学的着力点和着重点，是我国哲学社会科学发展的根本遵循。

加快构建中国特色哲学社会科学，必须加强党的政治领导和工作指导。要推动哲学社会科学的繁荣发展，也要注意引导管理的问题，注意这两个方面的结合和统一。要深化管理体制改革，形成既能把握正确方向又能激发科研活力的体制机制。要特别注重发挥哲学社会科学在治国理政中的重要作用，加强中国特色新型智库建设，建立健全决策咨询制度。

五、推动中国优秀传统文化创造性转化、创新性发展

在数千年的文明进程中，中华民族创造积淀了丰厚的文化传统，形成了富有特色的思想体系和科技体系。这是今天我国人民的宝贵财富和国家民族的精神血脉，既需要薪火相传、代代守护，也需要与时俱进、推陈出新。

中国共产党在革命、建设和改革的长期过程中非常重视中华传统文化，以辩证的、科学的态度对待传统文化，强调对传统文化批判和扬弃、继承和发展，强调优秀传统文化功能的发挥和价值的实现。进入新时代，习近平总书记十分注重中国优秀传统文化的弘扬，强调要推动中国优秀传统文化创造性转化、创新性发展。同时，他在指导多个领域的工作时多次引用传统文献，创造性地阐发运用传统思想，为中国优秀传统文化创造性转化、创新性发展树立了典范。

在中国优秀传统文化创造性转化、创新性发展的过程中，非常重要的一点是优秀传统文化的"活起来"，也就是要使之与当代文化相适应、与现代社会相协调，在广大人民的日常工作和生活中发挥出应有的作用。一些文物单位把文化资源转化为文创产品就是很好的例子。

在中国优秀传统文化创造性转化、创新性发展的过程中，还要注意中外文化交流的作用。通过学习其他国家人民创造的文化成果，汲取其中有益的成分，才能更好地推动自己传统文化的发展。在此必须注意反对"全盘西化"的倾向，习近平总书记指出："对国外的理论、概念、话语、方法，要有分析、有鉴别，适用的就拿来用，不适用的就不要生搬硬套。哲学社会科学要有批判精神，这是马克思主义最可贵的精神品质。"可以说，只有中西古今各种文化因素科学地、辩证地、有机地结合在一起，才能推动民族文化更新的发展。

第四节　加强和创新社会治理

加强和创新社会治理，是完善和发展中国特色社会主义制度、推进国家治理体系和治理能力现代化的重要内容，也是决胜全面建成小康社会的重要内容。习近平总书记多次对社会治理问题进行阐述，明确提出要打造共建共治共享的社会治理格局，并提出了一系列新思想新举措，为新时代加强和创新社会治理指明了方向。

一、加强和创新社会治理的理念

理念是行动的先导，创新社会治理首先要创新理念。加强和创新社会治理，逐步实现社会治理结构的合理化、治理方式的科学化、治理过程的民主化，将有力推进国家治理现代化的进程。

一要坚持以人民为中心。党的十九大指出，人民是历史的创造者，是决定党和国家前途命运的根本力量。因此，必须坚持人民主体地位，坚持立党为公、执政为民，践行全心全意为人民服务的根本宗旨，把党的群众路线贯彻到治国理政的全部活动之中。

二要立足公平正义。要深入推进全面从严治党，"老虎"和"苍蝇"一起打，开展扫黑除恶专项行动，净化社会治理环境，保障广大人民群众的公平正义权利。要完善就业和收入分配制度、社会保障制度，为促进社会治理的公平正义提供制度保障。

三要兼顾秩序与活力。社会治理追求秩序和活力的统一，强调既要追求稳定和秩序，更要激发社会活力。追求秩序和活力的统一，是社会治理对社会管理理念的重要发展。总之，"管得太死，一潭死水不行；管得太松，波涛汹涌也不行。要讲究辩证法，处理

浙江枫桥镇"红枫义警"在调解群众纠纷　　　（新华社记者　翁忻旸／摄）

好活力和秩序的关系"。

二、努力改进社会治理的方式方法

党的十八大以来，以习近平同志为核心的党中央不断创新社会治理理念思路、体制机制、方法手段，着力从源头上预防和减少影响社会和谐稳定的问题发生，社会治理体系不断完善，社会安全稳定形势持续向好。但我们也要看到，当今社会利益关系日趋复杂，社会阶层结构分化，社会矛盾和问题交织叠加，社会治理面临的形势环境更为复杂。要时刻居安思危，强化底线思维，进一步开创社会治理崭新局面。

一要加强法治保障。党的十九大提出，"完善党委领导、政府负责、社会协同、公众参与、法治保障的社会治理体制"。为此，要加快社会治理领域相关法律法规立改废和相关政策制度制定完善工作，例如，组织修订城市居民委员会组织法、村民委员会组织法等法律法规，形成上下贯通的社会治理法律制度体系。各级领导干部提升依法行政、依法办事的能力，善于运用法治思维和法治方式化解矛盾、破解难题、促进和谐。广大群众依法有序表达诉求、维护权益。在强调法治的同时，还要发扬传统社会治理中的德治作用，做到礼法并用。

二要用好现代科技。现代科技越来越发达，对人们的生产生活的影响越来越大，也为解决社会问题、社会矛盾、利益纠纷、公共安全提供了便利的条件和手段。当然，现代科技的快速发展，也产生许多社会问题和社会矛盾，带来诸多新兴社会风险。互联网、物联网、人工智能、云计算、大数据技术等现代信息技术的发展，就是现代科技发展成果的一个代表，它们既为人类带来福祉，也引发诸多社会问题，同时也在改变着社会治理方式，为解决社会治理问题提供便利条件。只有趋利避害、顺势而为，才能体现科技发展的应有之义。

三要提高精细化和专业化水平。随着城市化和现代化的深入推进，社会的分工越来越细化，社会事务越来越复杂，人们的需求也越来越多样化，呈现分众化、小众化、差异化和个性化的特点，社会治理进入了精细化和专业化的时代。实施精细化治理的前提是准确地把握人们的具体需求，把握社会问题及社会矛盾的本质及个性特征，精准施策，对症下药，一把钥匙开一把锁。专业化是精细化的要求和保障，两者密不可分，共同服务于高质量的社会治理。在精准定位社会需要和社会问题的基础上，更多运用专业人士、专业方法服务群众、解决难题。

三、当前我国社会治理的重点任务

新时代进一步加强和创新社会治理，要求推陈出新、有所突破，坚持问题导向，坚持把专项治理与系统治理、综合治理、依法治理、源头治理结合起来，探索一条符合中国社会发展实际、更可持续的中国特色社会主义社会治理之路，打造共建共治共享的社会治理格局。

一是健全公共安全体系。公共安全连着千家万户，是社会安定、社会秩序良好的重要体现，是人民安居乐业的重要保障。要牢固树立安全发展理念，弘扬生命至上、安全第一的思想，时刻把人民群众生命安全放在第一位。建立健全安全生产责任体系，强化预防治本，健全预警应急机制，加大监管执法力度，及时排查化解安全隐患，坚决遏制重特大安全事故。加快社会治安防控体系建设，实施食品安全战略，深入推进防灾减灾救灾体制机制改革，维护社会和谐稳定。

二是协调推进网下和网上社会治理。21世纪以来，互联网技术迅猛发展，快速形成了一个庞大复杂的网络社会。网络社会的诞生虽然给人们的生产生活、学习购物、交流交友等带来极大方便，但是网络信息鱼龙混杂、真假难辨，往往充斥着暴力、色情、欺诈、谣言等有害信息，信息安全存在隐患，一些言论不理性、不负责甚至有政治目的，对社会秩序和政治稳定构成威胁。网络社会有时成为违法犯罪的工具和罪恶的避风港。因此，统筹开展现实社会的治理和网络社会的治理成为一项紧迫的任务。要认真贯彻落实《中华人民共和国网络安全法》，为互联网营造健康良好的生态。

三是建设社会心理服务体系。现代社会工作和生活节奏越来越快，工作压力、学习压力、竞争压力、生活压力越来越大，传统的家庭、熟人社会的支持网络却日益变小，新的社会支持网络又很不稳定，难以满足人们的情感和心理需要，心理健康成为一个无法回避的现实问题。精神异常、心理脆弱，不仅严重影响个人正常的工作生活，也严重影响家庭的幸福安康，还会影响社会和谐稳定。加强和创新社会治理，核心是人，只有人与人和谐相处，社会才会安定有序。无论是出于保障人的身心健康，还是维护社会平安和谐，心理服务都必须得到重视，心理服务体系建设完善刻不容缓。要加强社会心理服务体系建设，培育自尊自信、理性平和、积极向上的社会心态。

四是加强社区治理体系建设。城乡社区是社会治理的基本单元，是社会治理的重心所在。城乡社区治理事关党和国家大政方针贯彻落实，事关居民群众切身利益，事关城乡基层和谐稳定。社会治理的重心必须落到城乡社区，社区服务和管理能力强了，社会治理的基础就实了。为全面提升城乡社区治理法治化、科学化水平和组织化程度，促进城乡社区治理体系和治理能力现代化，2017 年 6 月，中共中央、国务院颁布《关于加强和完善城乡社区治理的意见》。党的十九大提出，加强社区治理体系建设，推动社会治理重心向基层下移，发挥社会组织作用，实现政府治理和社会调节、居民自治良性互动。

[案 例]

嘉善县建设"智安小区"，积极推动社会治理创新

近年来，浙江省嘉善县坚持"联动融合、开放共治"理念，既注重政府职能部门实施社会治理，也调动社会多元主体参与共治，通过大力推进"智安小区"建设，积极创新社会治理，取得了很好的成效。

一是构筑虚拟截面，实现数据智能采集。在小区出入口安装车牌抓拍、人脸识别、电动车 RFID 防盗感应、MAC 信息采集和二代身份证采集等五大系统，形成一个信息采集虚拟截面，在对进出小区车辆、人员管控的同时，自动采集、记录所有进出小区人员、车辆和通信工具等静态和动态数据。

二是搭建分析平台，实现数据智能挖掘。经过出入口截面的数据源源不断汇聚到平台，实现"一站式"查询比对的"警务百度"功能。实现车牌、手机MAC关联查询、伴随查询等功能，通过数字化搜索关联到精确的MAC号、车牌号、RFID号，达到快速锁定对象轨迹的目的，提高数据挖掘深度。

三是运用物联网技术，实现数据智能感知。在"智安小区"和社区警务室设立二级平台，专网连接，依托物联网技术和平台采集的数据，实时对小区社情、警情进行智能预测预警，为小区治安防范提供研判支撑。

四是让智慧服务融入小区居民日常生活。通过"智安社区"手机App软件，集成流动人口信息"一报通"、户口咨询、防范宣传、小区自动导航等功能，小区居民通过手机就能实时快速接收各类治安防范和社区服务信息。

第五节　统筹推进生态文明建设

生态文明建设关系人民福祉，关乎民族未来，既是决胜全面建成小康社会的重要内容，也是我国经济社会长远发展的一项重大任务。党的十八大把生态文明建设纳入中国特色社会主义事业"五位一体"总体布局，明确提出大力推进生态文明建设，努力建设美丽中国，实现中华民族永续发展。党的十九大进一步重申了生态文明建设作为"五位一体"总体布局的重要内容,"美丽"首次被纳入社会主义现代化强国的重要目标,明确到 2035 年我国基本实现现代化时,生态环境实现根本好转,美丽中国目标基本实现,到本世纪中叶,把我国建成富强民主文明和谐美丽的社会主义现代化强国。习近平生态文明思想是习近平新时代中国特色社会主义思想的重要组成部分,是新时代生态文明建设的根本遵循和行动指南。推进生态文明建设,建设美丽中国,是关系党的使命宗旨的重大政治问题,也是关系民生的重大社会问题。

一、生态文明建设关系中华民族永续发展

中华民族向来尊重自然、热爱自然,绵延 5000 多年的中华文明孕育着丰富的生态文化。推进生态文明建设需要有大局观、长远观、整体观。

生态兴则文明兴,生态衰则文明衰。生态文明是人类社会进步的重大成果,是一种人与自然命运与共的文明,是一种生命相济相生、共同繁荣的文明,是人与自然和谐发展、人与自然融为一体的文明。人类经历了原始文明、农业文明、工业文明,生态文明是工业文明发展到一定阶段的产物,是实现人与自然和谐发展的新要求。恩格斯在《自然辩证法》一书中就深刻指出,"我们不要过分陶醉于我们人类对自然界的胜利。对于每一次这样的胜利,自然界都对我们进行报复","美索不达米亚、希腊、小亚细亚以及其他各地的居民,为了得到耕地,毁灭了森林,但是他们做梦也想不到,这些地方今天竟因此而成为不毛之地"。这个历史教训,值得今人深思!

人与自然是生命共同体。作为大自然的一分子,人类必须敬

绿水青山就是金山银山　　　　　　　　　　　　（新华社记者　罗晓光／摄）

畏自然、尊重自然、顺应自然、保护自然。习近平总书记指出：
"我们要认识到，山水林田湖是一个生命共同体，人的命脉在田，
田的命脉在水，水的命脉在山，山的命脉在土，土的命脉在树。
用途管制和生态修复必须遵循自然规律，如果种树的只管种树、
治水的只管治水、护田的单纯护田，很容易顾此失彼，最终造成
生态的系统性破坏。由一个部门行使所有国土空间用途管制职责，
对山水林田湖进行统一保护、统一修复是十分必要的。"

良好生态环境是最公平的公共产品和最普惠的民生福祉。习近平
总书记曾多次强调，环境就是民生，青山就是美丽，蓝天也是幸
福。我们既要绿水青山，也要金山银山。宁要绿水青山，不要金山
银山，而且绿水青山就是金山银山。保护生态环境就是保护生产
力，改善生态环境就是发展生产力。让绿水青山充分发挥经济社

会效益，不是要把它破坏了，而是要把它保护得更好。良好生态环境是最普惠的民生福祉，要坚持生态惠民、生态利民、生态为民，重点解决损害群众健康的突出环境问题，不断满足人民日益增长的优美生态环境需要。要贯彻创新、协调、绿色、开放、共享的新发展理念，加快形成节约资源和保护环境的空间格局、产业结构、生产方式、生活方式，给自然生态留下休养生息的时间和空间。

[知识链接]

良好生态环境是最公平的公共产品

公共产品是指集体提供的、由一群人无差别享用的产品与服务，通常具有非竞争性、非排他性和效用的不可分割性三个特征。根据提供主体和受益范围的不同，公共产品的外延大可到全球公共产品，中可到全国性公共产品和区域公共产品，小可到社区型公共产品。通常意义上的公共产品，主要指由政府向人民所提供安全、秩序、义务教育、基本医疗以及社会保障等具有普惠性质的公共服务。近年来，随着生态环境问题的日益严峻和对社会生活影响的深化，生态环境的公共产品属性越来越明显地展现出来。良好的生态环境意味着清洁的空气、干净的水源、优美的自然景观等，其共同性、无差别性以及所提供的国民永续发展的基础性等，都具有典型的公共产品属性，是最公平的公共产品。

生态环境是关系党的使命宗旨的重大政治问题。2013 年 4 月，习近平总书记在十八届中央政治局常委会会议上指出："如果仍是粗放发展，即使实现了国内生产总值翻一番的目标，那污染又会是一种什么情况？届时资源环境恐怕完全承载不了。想一想，在现有基础上不转变经济发展方式实现经济总量增加一倍，产能继续过剩，那将是一种什么样的生态环境？经济上去了，老百姓的幸福感大打折扣，甚至强烈的不满情绪上来了，那是什么形势？所以，我们不能把加强生态文明建设、加强生态环境保护、提倡绿色低碳生活方式等仅仅作为经济问题。这里面有很大的政治。"党的十八大以来，各地区认真贯彻党中央、国务院决策部署，全力以赴推进生态环境保护各项工作，取得积极进展和成效，人民幸福感显著增强。

二、统筹推进生态文明建设

党的十九大明确将"坚持人与自然和谐共生"作为新时代坚持和发展中国特色社会主义基本方略之一，充分体现了我们党大力推进生态文明建设的鲜明态度和坚定决心。生态文明建设在国家顶层设计中占有重要地位，有利于国家战略层面推动生态文明建设举措落地。

一要用最严格制度最严密法治保护生态环境。保护生态环境，要用最严格制度最严密法治,加快制度创新,强化制度执行,让制度成为刚性的约束和不可触碰的高压线。习近平总书记在十八届中央政治局第六次集体学习时指出,只有实行最严格的制度、最严密的法治,才能为生态文明建设提供可靠保障。最重要的是要完善经济社会发展考核评价体系,把资源消耗、环境损害、生态效益等体现生态文明建设状况的指标纳入经济社会发展评价体系,使之成为推进生态文明建设的重要导向和约束。要建立责任追究制度,对那些不顾生态环境盲目决策、造成严重后果的人,必须追究其责任,而且应该终身追究。要加强生态文明宣传教育,增强全民节约意识、环保意识、生态意识,营造爱护生态环境的良好风气。

二要加快生态文明体制改革。以建设人与自然和谐共生的现代化为目标,提供更多优质生态产品以满足人民日益增长的优美生态环境需要,形成节约资源和保护环境的空间格局、产业结构、生产方式、生活方式。要坚持正确的改革方向,健全市场机制,更好发挥政府的主导和监管作用,进一步发挥企业的积极性和自我约束作用,发挥社会组织和公众的参与和监督作用。要加强对生态文明建设的总体设计和组织领导,设立国有自然资源资产管理和自然生态监管机构,完善生态环境管理制度,统一行使全民所有自然资源资产所有者职责,统一行使所有国土空间用途管制和生态保护修复职责,统一行使监管城乡各类污染排放和行政执法职责。

三要健全生态环境损害责任追究制度。习近平总书记在十八届中央政治局第四十一次集体学习时指出:"生态环境保护能否落到实处,关键在领导干部。要落实领导干部任期生态文明建设责任制，实行自然资源资产离任审计，认真贯彻依法依规、客观公正、科学认定、权责一致、终身追究的原则，明确各级领导干部责任追究情形。对造成生态环境损害负有责任的领导干部，必须严肃追责。各级党委和政府要切实重视、加强领导，纪检监察机关、组织部门和政府有关监管部门要各尽其责、形成合力。"近年来，我国生态环境督察加大了力度，从上到下，处理了一批对生态环境损害负有领导责任的干部，起到了警示和教育作用。

❧ 本章小结 ❧

　　本章围绕中国特色社会主义事业"五位一体"总体布局，从经济、政治、文化、社会、生态文明五个方面分别进行了阐述。经济方面，要努力建设现代化经济体系，形成创新引领的产业体系、统一开放的市场体系、公平合理的收入分配体系、协调的城乡区域发展体系、绿色发展体系、全面开放体系以及市场和政府良好互动的经济管理体制。政治方面，要坚持走中国特色社会主义政治发展道路，大力发展社会主义民主政治，发挥社会主义协商民主的重要作用。文化方面，要推动社会主义文化繁荣兴盛，积极培育和践行社会主义核心价值观，繁荣发展社会主义文艺，推动文化事业和文化产业发展，加快构建中国特色哲学社会科学体系，推动中国优秀传统文化创造性转化、创新性发展。社会方面，要加强和创新社会治理，努力改进社会治理的方式方法，积极健全公共安全体系，协调推进网下和网上社会治理，加强社区治理体系建设。生态方面，要统筹推进生态文明建设，用最严格的制度、最严密的法治保护生态环境，加快生态文明体制改革，对造成生态环境损害的人员和行为严肃问责，实现中华民族永续发展。

【思考题】

1. 如何解决"五位一体"总体布局中的不充分不平衡问题？

2. 如何通过制度建设发展社会主义民主政治？

3. 如何推动社会主义文化繁荣兴盛？

第三章
新发展理念统领决胜全面建成小康社会

发展是解决我国一切问题的基础和关键，发展必须是科学发展。党的十八大以来，习近平总书记顺应时代和实践发展的新要求，鲜明提出以人民为中心的发展思想，坚定不移贯彻创新、协调、绿色、开放、共享的新发展理念。新发展理念不是凭空得来的，而是在深刻总结国内外发展经验教训、分析国内外发展大势的基础上形成的，特别是针对我国发展中的突出矛盾和问题提出来的。新发展理念是"指挥棒"和"红绿灯"，是覆盖全社会的。新发展理念集中体现了我们党对新的发展阶段基本特征的深刻洞察和科学把握，标志着我们党对经济社会发展规律的认识达到了新的高度，是引领我国发展全局深刻变革的科学指引，是我国经济社会发展必须长期坚持的重要遵循。决胜全面建成小康社会，必须深入贯彻习近平新时代中国特色社会主义思想，紧

《在省部级主要领导干部学习贯彻党的十八届五中全会精神专题研讨班上的讲话》

扣社会主要矛盾变化，把新发展理念贯彻落实到位。

第一节　坚持创新发展提高发展质量和效益

创新发展是党中央在我国发展关键时期作出的重大决策，对于提高发展质量和效益，决胜全面建成小康社会，实现中华民族伟大复兴的中国梦，具有重大现实意义和深远历史意义。创新是引领发展的第一动力，抓住了创新，就抓住了牵动经济社会发展全局的"牛鼻子"。坚持创新发展，必须把创新摆在国家发展全局的核心位置，不断推进理论创新、制度创新、科技创新、文化创新等各方面创新，让创新贯穿党和国家一切工作，让创新在全社会蔚然成风。

一、创新发展是国际国内形势所趋

坚持创新发展，是应对发展环境变化、增强发展动力、把握发展主动权、更好引领经济发展新常态和全面建成小康社会的根本之策。

一方面，世界范围内新一轮科技革命和产业变革正在兴起。以信息技术为引领，生物技术、新材料技术、新能源技术等技术群广泛渗透、交叉融合，带动以绿色、智能、泛在为特征的群体性技术突破，重大颠覆性创新不时出现。创新正在重塑全球经济结构，甚至改变国家力量对比，成为重塑世界经济结构和竞争格局的关键，对国际政治、经济、军事、安全、外交等产生重大深远影响。谁下好创新这步先手棋，谁就能占领先机、赢得主动。中美贸易摩擦的态势表明，大国之间的竞争更多的是高科技产业和高技术领域的竞争，我们必须补上短板，奋发有为。

另一方面，决胜全面建成小康社会对创新发展提出新要求。随着经济发展进入新常态，经济社会发展不平衡、不协调与不可持续的矛盾愈发突出。产业层次偏低，处于前有堵截、后有追兵的"三明治陷阱"之中。我国虽然是世界第二大经济体，但大而不强，快而不优，"比较优势"和"后发优势"的利用空间逐步缩小。产业链核心技术受制于人，重要行业的核心部件和高端精密设备严重依赖进口，价值链利益分配受控于人，处于以加工组装和贴牌生产的低端环节，这种格局亟待改变。决胜全面建成小康社会，推进经济结构转型升级，逐步培育出新的增长动力和竞争优势，就是要痛下决心，推动发展方式从要素驱动转向创新驱动、从依赖规模扩张转向提高质量效益。

二、提升创新发展能力的路径

提升创新发展能力，关键是要大幅提高自主创新能力，努力掌握关键核心技术，以建设企业为主体、市场为导向、产学研结合的技术创新体系为突破口，进一步深化科技体制改革，全面推进国家创新体系建设。

加强基础研究，强化原始创新、集成创新和引进消化吸收再创新。稳定支持重点学科方向的自由探索，切实加强重大交叉前沿领域的前瞻部署，强化创新源头供给。围绕世界科学前沿方向和国家战略需求建设一批具有国际先进水平的科研基地，推进有特色高水平大学和科研院所建设。实施一批国家重大科技项目，在重大创新

被誉为"中国天眼"的 500 米口径球面射电望远镜

（新华社记者　欧东衢／摄）

领域组建一批国家实验室，加强大科学装置等重大科研基础设施建设，培育一批走在世界科学前沿的高水平团队。

坚持战略和前沿导向，突破关系发展全局的重大技术。本着有所为、有所不为的原则，采取差异化策略和非对称性措施，强化重点领域关键环节的重大技术研发。瞄准国际科技前沿，加快突破新一代信息通信、新能源、新材料、航空航天、生物医药、智能制造等领域核心技术。面向未来，在量子通信、新一代信息网络、类脑机器人、纳米等领域，尽快部署启动一批重大科技项目，并根据国家发展需要，不断突破重大科技项目，力争在国家战略优先领域率先跨越。

鼓励企业围绕市场需求建立自己的研发机构，发挥企业担当创新主体的作用。促进企业真正成为技术创新决策、研发投入、科研组织和成果转化的主体，就要努力引导企业加大研发投入力度，健全组织技术研发、产品创新、科技成果转化的机制，支持企业推进重大科技成果产业化。大力培育科技型中小企业，引导中小微企业走"专精特新"发展道路。

推动科技创新与经济社会发展紧密结合，处理好政府和市场的关系。通过深化改革，进一步打通科技和经济社会发展之间的通道，让市场真正成为配置创新资源的决定性力量。加大简政放权力度，取消不必要的行政审批事项，减少政府干预微观经济活动造成市场信号的失真和扭曲，建立公平的市场准入规则，消除"玻璃门""弹簧门"和"旋转门"等不公正现象，促进公平竞争。

三、形成激励创新发展的有效保障

坚持创新发展，需要培育创新的土壤环境，其中最重要的是制度安排，制度设计的合理与否将直接影响创新发展的最终效果。必须清除影响创新发展的体制障碍，在制度创新、文化创新等方面有所突破，为创新发展提供有效保障。

建立健全保护创新的制度体系。知识产权制度是创新的基本保障，其价值在于保护创新，防止侵权，促进竞争，保证充足的创造发明供应市场，刺激可持续而广泛的经济增长。要深入实施国家知识产权战略行动计划，加快知识产权强国建设，全面提升知识产权事业发展水平。设立重点产业知识产权运营基金及知识产权质押融资风险补偿基金等，把创新活动落到实实在在的经济增长点上。

完善财政金融激励制度。要推动创新发展，就必须加大财政科技投入，调整投入结构，完善支持创新的税收政策、政府采购政策，优先购买全面落实高新技术企业税收优惠、企业研发费加计抵扣、科技企业孵化器税收优惠等，发挥财政资金"四两拨千斤"的杠杆作用。要探索多种形式的金融支持科技创新路径和政策。

建立协同创新制度。协同创新是指创新资源和要素有效汇聚，通过突破创新主体间的壁垒，充分释放彼此间"人才、资本、信息、技术"等创新要素活力而实现深度合作。形成以非线性、网络化、开放性为特征，以多元主体相互联合与协同互动为基础的协同创新模式。

完善评价与评估制度。改进现行科研评价制度，从重视数量转向重视质量，不能单纯地以论文论英雄，要更多关注科技成果本身的创新性和对社会的贡献。减少科研评价的"功利化"色彩，激励科研人员潜心研究，作出一系列原创性研究成果。

建立支撑创新的人才队伍。下大力量培养造就高素质的人才队伍和从业劳动者。突出创新型科技人才队伍建设，培养一批科技领军人才和创新团队，引导其成为创新驱动的中坚力量。提高普通从业人员的技术、管理和劳动技能，加强培训，提高素质。营造优秀人才脱颖而出和尊重知识、尊重劳动、尊重创造的环境，让全社会创新的活力竞相迸发。

形成包容开放的文化创新氛围。形成崇尚科学、追求卓越、尊重人才的社会氛围，注重宣传普及科学知识、科学方法、科学精神，提高全民族的科学文化素质，在全社会形成创新的良好风尚。在科研领域提倡科学精神，求真务实、诚实公正、怀疑批判、协作开放。坚持尊重劳动、尊重知识、尊重人才、尊重创造。倡导鼓励竞争、敢冒风险、宽容失败的创新精神，弘扬淡泊名利、追求卓越的科学献身精神。

[知识链接]

改革核算方法促创新

2009 年，联合国等五大国际组织联合颁布了新的国民经济核算国际标准——《国民账户体系 2008》（2008 年 SNA），其中研发支出资本化是新国际标准的重要修订内容之一。新标准颁布后，美国、加拿大、澳大利亚等国家纷纷响应，调整了研发支出核算方法，有的发展中国家也进行了改革。

在原来的国民经济核算国际标准体系中，研发支出主要作为中间消耗处理。新的核算方法认为，研发支出能够为所有者带来经济利益，因此，将其修订为固定资本形成，并由此将影响到增加值等指标的核算。这一改革体现了研发成果所具有的固定资产本质属性，即在未来一段时间的生产活动中不断得到使用，持续发挥作用，能够更好地反映创新对经济增长的贡献，更好地激励研发投入，推动创新发展。

依据新国际标准及其实践经验，2016 年我国改革了研发支出核算方法，并系统地修订了 1952 年以来的 GDP 数据。改革后，我国各年 GDP 总量和增速相应增加。例如，2015 年我国 GDP 总量增加 8798 亿元，增加幅度为 1.30%，增速提高 0.04 个百分点。

第二节　坚持协调发展形成平衡发展结构

协调是持续健康发展的内在要求。坚持协调发展理念，着力促进均衡协调发展，形成平衡发展结构，注重发展的整体效能，是决胜全面建成小康社会必不可少的方面。促进协调发展就是要下好全国一盘棋，关键是全面提高发展的整体性协调性。

一、协调发展的内涵和特点

党的十八大以来，以习近平同志为核心的党中央提出了新发展理念，把协调发展放在突出位置，体现了我们党对协调发展认识的不断深化，体现了唯物辩证法在解决我国发展问题上的方法论创新。

协调发展就是全国一盘棋的发展，注重发展的总体和综合效能。这里的关键是要处理好局部和全局、当前和长远、重点和非重点关系，在权衡利弊中趋利避害、作出最为有利的战略抉择。从当前我国发展中不平衡、不协调、不可持续的突出问题出发，新时代促进协调发展，就要着力推进城乡协调发展、区域协调发展、物质文明和精神文明协调发展、经济建设与国防建设融合发展。城乡关系协调了，由城乡二元结构趋向城乡发展一体化，不仅意味着长期困扰我们的"三农"问题取得了根本性突破，社会更加和谐稳定，而且意味着我国城乡统一大市场的形成，我国主要依靠扩大内需的经济基础更加巩固，从而使我们抵御外部风险的能力显著增强。东中西协调发展了，西部地区、东北老工业基地、老少边穷地区加快发展了，跟上了总体发展的节拍，实现了共同富裕，各地区的经济将形成更加协同的合作和分工，那么我国总体经济实力和经济活力都将明显增强。物质文明与精神文明协调了，社会凝聚力将会显著增强，文化自信的基础将会越积越牢。经济建设与国防建设实现了协调融合发展，形成了军民经济融合的新机制，将大大加快新旧动能转换，显著提高国家整体的自主创新能力，经济发展的新引擎将会更加强大，同时有助于推动科学技术长期"受制于人"状况的根本性改善。

新形势下，协调发展具有许多新特点，推进协调发展必须掌握这些新特点，做到有的放矢。首先，协调既是发展手段又是发展目标，也是评价发展的标准和尺度。要学会处理好局部和全局、当前和长远、重点和非重点的关系，着力推动区域协调发展、城乡协调发展、物质文明和精神文明协调发展，推动经济建设和国防建设融合发展。其次，协调是发展两点论和重点论的统一。一个国家、一个地区乃至一个行业在其特定发展时期既有发展优势，也存在制约因素，在发展思路上既要着力破解难题、补齐短板，又要考虑巩固和厚植原有优势，两方面相辅相成、相得益彰，才能实现高质量发展。协调是发展平衡和不平衡的统一，由平衡到不平衡再到新的平衡是事物发展的基本规律。平衡是相对的，不平衡是绝对的。强调协调发展不是搞平均主义，不是搞一刀切，而是更注重发展机会公平、更注重资源配置均衡。最后，协调是发展短板和潜力的统一。我国正处于由中等收入国家向高收入国家迈进的阶段，国际经验表明，这个阶段多是各种矛盾集中爆发的时期，发展不协调、存在许多短板是难免的。协调发展，就是要找出短板，克服"木桶效应"，在补齐短板上多用力，通过补齐短板提高整体发展质量，挖掘发展潜力，增强发展后劲。

二、坚持协调发展的重点和举措

协调发展是高质量发展的重要标志，要适应经济形势发展的需要，坚持问题导向，把协调发展的理念贯穿于实际工作中，着力增强发展的整体性协调性，重在形成平衡发展的结构。

第一，要发挥各地区比较优势，促进生产力布局优化，推动区域协调发展。重点实施"一带一路"建设、京津冀协同发展、长江经济带发展、粤港澳大湾区建设等重大战略，支持革命老区、民族地区、边疆地区、贫困地区加快发展，构成连续东中西、贯通南北方的多中心、网络化、开放式的区域开发新格局，不断缩小地区发展差距。

第二，要坚持农业农村优先发展，按照产业兴旺、生态宜居、乡风文明、治理有效、生活富裕的总要求，着力实施乡村振兴战略。坚持工业反哺农业、城市支持农村和多予少取放活方针，促进城乡公共资源均衡配置，建立健全城乡融合发展体制机制和政策体系，加快推进农业农村现代化，努力促进农民增收致富，不断缩小城乡发展差距。

第三，要坚持社会主义先进文化前进方向，用社会主义核心价值观凝聚共识、汇聚力量。在创造丰富的物质文明的同时，还需要创造丰富的精神文明，两个文明一起抓，两手都要硬。要用优秀文化产品振奋人心、鼓舞士气，用中华优秀传统文化为人民提供丰润的道德滋养，提高精神文化建设水平，提升国家的软实力。

第四，要统筹经济建设和国防建设，建立全要素、多领域、高效益的军民融合发展格局。经济建设要与国防建设相协调，建设社会主义现代化强国必须要有一个强大的国防和军队建设。推进国防和军队建设要紧紧同建设社会主义现代化强国进程相一致，使两者协调发展、平衡发展、兼容发展。

三、正确处理协调发展与发展整体性的关系

促进协调发展，关键是增强发展的整体性。增强发展整体性是促进协调发展的重大战略目标。党的十八届五中全会指出："必须牢牢把握中国特色社会主义事业总体布局，正确处理发展中的重大关系，重点促进城乡区域协调发展，促进经济社会协调发展，促进新型工业化、信息化、城镇化、农业现代化同步发展，在增强国家硬实力的同时注重提升国家软实力，不断增强发展整体性。"

理解发展的整体性，可以从两个方面来把握。一方面，从现实的矛盾和潜力看，从不协调到协调，就是解决结构性失衡问题，补齐各种发展的短板，使经济发展的潜力得以充分释放、整体与部分更加和谐有序的过程。如人与自然的关系中，生态环境保护是短板；城乡发展中，农村发展是短板；区域发展中，西部地区与贫困地区发展是短板；"新四化"建设中，农业现代化是短板；经济与社会发展中，社会建设或民生是短板；在投资与消费的关系中，消费是短板；等等。把这些短板补上，就是优化结构，经济发展的整体性协调性就能明显提高，增强人们对美好生活的获得感和幸福感。从不协调到协调的过程，是经济质量与效益不断提高、新动能不断

壮大、发展的可持续不断增强的过程，因而也是推进高质量发展的重要途径。提高发展的整体性，必须坚定地树立协调发展理念，采取各种有效的协调手段，最终达到提高发展的整体性目标。

另一方面，从系统论的角度看，增强发展的整体性就是在未来的发展思路、方向和措施上，体现整体性的要求，着力提高发展的系统性和耦合性。整体性是系统论的概念，就是整体效应或效率大于部分之和。提高发展的系统性，就是要有系统思维，系统地看问题，系统地谋划未来发展战略，顾大局、谋大事，避免单面突击，摆脱局部利益、部门利益和地区利益的束缚与羁绊，真正从国家整体利益、人民长远利益出发促进经济社会发展。提高发展的耦合性，就是要深入研究各项发展和改革举措的关联性、耦合性，树立"双赢""多赢"的观念，摒弃"零和"思维，走出"九龙治水"、各自为政的误区，多些"雪中送炭"，使各项发展和改革举措能有机配合、形成综合效应，提高发展与改革措施的整体效率。

第三节 坚持绿色发展改善生态环境

绿色是永续发展的必要条件。坚持绿色发展，就必须坚持节约资源和保护环境的基本国策，坚持可持续发展，坚定走生产发展、生活富裕、生态良好的文明发展道路，加快建设资源集约型、环境友好型社会，形成人与自然和谐发展现代化建设新格局，推进美丽中国建设，为全球生态安全作出新贡献。改善生态环境必须成为决胜全面建成小康社会的内在要求，成为全党全国长期坚持的基本理念。

一、坚持绿色发展改善生态环境的必要性

当前，人民群众对清新空气、干净饮水、安全食品、优美环境的要求越来越强烈，生态环境恶化及其对人民健康的影响已经成为我们的心头之患，成为突出的民生问题。扭转环境恶化、提高环境质量，是事关全面小康、事关发展全局的一项刻不容缓的重要工作。

第一，是最普惠的民生福祉要求。当前，伴随经济社会取得历史性成就的同时，是严重退化的生态系统。不能让人民群众对干净的水、清新的空气、安全的食品、优美的环境等的追求成为一种奢望。良好生态环境是最公平的公共产品，是最重要的民生保障之一。

第二，是全面建成小康社会的目标要求。小康全面不全面，生态环境质量很关键。到 2020 年实现第一个百年奋斗目标，必须实现生态环境质量总体改善，主体功能区布局和生态安全屏障基本形成。

第三，是基本实现社会主义现代化和全面建成社会主义现代化强国的内在要求。生态环境的根本好转，是我国经济社会可持续发展的前提。我们要建设的现代化是人与自然和谐共生的现代化。"美丽"是社会主义现代化的基本特征，"美丽中国"是社会主义现代化的基本要求，生态文明的全面提升是社会主义现代化强国的基本表现。

二、党的十八大以来生态文明建设成效显著

党的十八大首次把生态文明建设纳入中国特色社会主义事业总体布局，我国生态文明建设进入新时代。全党全国贯彻绿色发展理念的自觉性和主动性显著增强，忽视生态环境保护的状况明显改变，生态文明建设成效显著。

第一，生态文明制度体系加快形成，主体功能区制度逐步健全。以源头预防、过程控制、损害赔偿、责任追究为主要内容的生态文明制度体系建设持续推进，自然资源资产产权和用途管制、生态保护红线、生态保护补偿、生态环境保护管理体制等关键制度建设取得一系列重要成果。主体功能区正在成为国土空间开发保护基础制度，并以主体功能区规划为基础统筹各类空间性规划，有效推进了"多规合一"。

第二，全面节约资源有效推进，能源资源消耗强度大幅下降。单位国内生产总值能耗、水耗均下降 20% 以上。重大生态保护和修复工程进展顺利，森林覆盖率持续提高，森林面积增加 1.63 亿亩。生态环境治理明显加强，制定实施大气、水、土壤污染防治三大行动计划，并取得扎实成效。环境状况得到明显改善，主要污染物排放量持续下降，重点城市重污染天数减少一半，沙化土地面积年均缩减近 2000 平方公里。

第三，引导应对气候变化国际合作，积极参与、引导全球生态文明建设。积极应对气候变化，既基于我国绿色低碳可持续发展的内生需要，也是一个负责任发展中大国推动构建人类命运共同体的必然要求。2014—2017 年率先实施碳交易试点的 7 个地区累计配额成交量超过 2 亿吨二氧化碳当量，成交额超过 46 亿元人民币。

2017 年 12 月，以电力行业作为突破口，我国正式启动了中国碳排放交易体系。在世界气候大会上，中国政府充分展现了国际责任的担当精神，发挥了积极参与、积极贡献和引领作用。

三、坚持绿色发展改善生态环境的措施

要提供更多优质生态产品以满足人民日益增长的优美生态环境需要，就必须牢固树立社会主义生态文明观，坚持节约优先、保护优先、自然恢复为主的方针，形成节约资源和保护环境的空间格局、产业结构、生产方式、生活方式，打造人与自然和谐发展现代化建设新格局。

第一，推进绿色发展。加快建立绿色生产和消费的法律制度和政策导向，建立健全绿色低碳循环发展的经济体系。构建市场导向的绿色技术创新体系，以及清洁低碳、安全高效的能源体系。推进资源全面节约和循环利用，降低能耗、物耗，实现生产系统和生活系统循环链接。在全社会倡导简约适度、绿色低碳的生活方式。

第二，着力解决突出环境问题。构建政府为主导、企业为主体、社会组织和公众共同参与的环境治理体系。通过提高污染排放标准，强化排污者责任，加强环境督察，健全环保信用评价、信息强制性披露、严惩重罚等制度，实现最突出环境问题的根本性解决。坚持源头防治，强化大气污染防治、水污染防治和土壤污染管控及修复。同时，要积极参与、引领全球环境治理。

第三，加大生态系统保护力度。通过实施重要生态系统保护和修复重大工程，优化生态安全屏障体系，构建生态廊道和生物多样性保护网络，促进生态系统质量和稳定性的提升。强化生态保护红

线、永久基本农田、城镇开发边界三条控制线的硬约束作用。推进国土绿化，综合治理荒漠化、石漠化、水土流失，强化湿地保护和恢复。完善天然林保护制度，扩大退耕还林还草。扩大轮作休耕范围，健全耕地草原森林河流湖泊休养生息制度，建立市场化、多元化生态补偿机制。

第四，完善生态环境监管体制。以机构改革为抓手，切实推动自然资源部和生态环境部能够统一行使职能，履行全民所有自然资源资产所有者职责、所有国土空间用途管制和生态保护修复职责、监管城乡各类污染排放和行政执法职责。构建国土空间开发保护制度，完善主体功能区配套政策，建立以国家公园为主体的自然保护地体系。

[案 例]

"共抓大保护、不搞大开发"的长江经济带

长江是中华民族的母亲河，也是中华民族发展的重要支撑。新中国成立以来特别是改革开放以来，长江流域经济社会迅猛发展，综合实力快速提升，是我国经济重心所在、活力所在。新时代推动长江经济带发展必须从中华民族长远利益考虑，走生态优先、绿色发展之路，使绿水青山产生巨大生态效益、经济效益、社会效益，使母亲河永葆生机活力。

坚持生态优先、绿色发展的战略定位来推动长江经济带发展，这不仅是对自然规律的尊重，也是对经济

规律、社会规律的尊重。当前和今后相当长一个时期，要把修复长江生态环境摆在压倒性位置，共抓大保护、不搞大开发。要把实施重大生态修复工程作为推动长江经济带发展项目的优先选项，实施好长江防护林体系建设、水土流失及岩溶地区石漠化治理、退耕还林还草、水土保持、河湖和湿地生态保护修复等工程，增强水源涵养、水土保持等生态功能。要把长江经济带建设成为我国生态文明建设的先行示范带、创新驱动带、协调发展带。

第四节　坚持开放发展实现合作共赢

改革开放 40 年的实践启示我们：开放带来进步，封闭必然落后。中国的发展离不开世界，世界的繁荣也需要中国。我们统筹国内国际两个大局，坚持对外开放的基本国策，实行积极主动的开放政策，形成全方位、多层次、宽领域的全面开放新格局，为我国创造了良好国际环境、开拓了广阔发展空间。当前孤立主义、反全球化、民粹主义的势力在少数主要发达国家不断扩大，但中国开放的大门不会关闭，只会越开越大。

一、开放发展是决胜全面建成小康社会的必由之路

当今世界，开放融通的潮流滚滚向前。世界已经成为你中有

我、我中有你的地球村，各国经济社会发展日益相互联系、相互影响，推进互联互通、加快融合发展成为决胜全面建成小康社会的必然选择。

抓住机遇扩大开放是我们的宝贵经验，是决胜全面建成小康社会的必由之路。经过 40 年的改革开放，我国经济正在实现从"引进来"到"引进来"和"走出去"并重的重大转变，已经出现了市场、资源能源、投资"三头"对外深度融合的新局面。特别是党的十八大以来，我国经济对外开放的力度更大，取得新的重大成就，并在引领经济全球化向正确方向发展上作出巨大贡献。实践充分证明，对外开放是推动我国经济社会发展的重要动力，只有坚持对外开放，顺应经济全球化潮流，才能更好实现可持续发展。在经济全球化深入发展、各国经济加速融合的时代，只有打开国门搞建设，坚定不移实施对外开放的基本国策，实行更加积极主动的开放战略，才能获得更多推动发展所必需的资金、技术、资源、市场、人才乃至机遇，才能不断为经济发展注入新动力、增添新活力、拓展新空间，为决胜全面建成小康社会提供必要条件。

二、中国对外开放的历程和成就

中国的对外开放经历了一个由点到面、迈向全面开放新格局的渐进过程。1979 年，中央决定深圳、珠海、汕头和厦门试办出口特区，1980 年出口特区正式改称经济特区。1984 年，中央决定进一步开放大连、秦皇岛、天津、烟台、青岛、连云港、南通、上海、宁波、温州、福州、广州、湛江、北海等 14 个沿海港口城市。1985 年，国务院决定将长江三角洲、珠江三角洲、厦漳泉三角地区，以及胶东半岛、辽东半岛开辟为沿海经济开放区。1988年，国务院决定新划入沿海经济开放区140个市、县，包括杭州、南京、沈阳三个省会城市。1988年，设立海南省、兴办海南岛经济特区。1992年，国务院批复设立上海市浦东新区。2001年，中国正式加入世界贸易组织，推动对外开放进入新的发展阶段。2012年，中国货物进出口贸易额比2002年增长了6.4倍。2013年，国务院正式批准设立中国（上海）自由贸易试验区，这是新形势下全面深化改革和扩大开放的战略举措。2013年，习近平主席向世界发出建设丝绸之路经济带和21世纪海上丝绸之路的合作倡议。我国将以"一带一路"建设为统领，丰富对外开放内涵，提高对外开放水平，开创对外开放新局面。2018年4月，习近平主席在博鳌亚洲论坛宣布了大幅度放宽市场准入、创造更有吸引力的投资环境、加强知识产权保护和主动扩大进口等重大开放举措。

经过40年对外开放，中国已经成为世界第一大货物贸易国、第二大服务贸易国和外商直接投资国、第三大对外直接投资国。2017年，我国实现货物进出口总额41045亿美元，占世界的比重由1978年的0.8%上升至11.5%。2014—2017年我国服务进出口总额稳居世界第二位。2017年，我国吸引外商直接投资达1310亿美元，回升至世界第二位，比1979年提高120位。2017年，我国对外直接投资额达1246亿美元，居世界第三位。

中国从对外开放中受益，也为世界经济发展作出了重大贡献。1979—2017年，中国对世界经济增长的年均贡献率为18.4%，仅次于美国，居世界第二位。2006年以来，中国对世界经济增长的贡献率稳居世界第一位。多年来，中国对世界经济增长的贡献率超过30%，成为全球经济增长的主要稳定器和动力源。

三、坚持开放发展实现合作共赢的重大举措

要以"一带一路"建设为统领，丰富对外开放内涵，提高对外开放水平，协同推进战略互信、投资经贸合作、人文交流，努力形成深度融合的互利合作格局，开创对外开放新局面。

第一，以"一带一路"建设为重点，坚持"引进来"和"走出去"并重。遵循"共商、共建、共享"的原则，加强创新能力开放合作，形成陆海内外联动、东西双向互济的开放格局。"一带一路"是一个开放性、包容性区域合作倡议。截至 2018 年 8 月，已有 103 个国家和国际组织同中国签署 118 份"一带一路"方面的合作协议。与沿线国家货物贸易累计超过 5 万亿美元，对外直接投资额超过 700 亿美元。在沿线国家建设的境外经贸合作区总投资 200 多亿美元，创造的就业机会数十万个，给当地创造的税收几十亿美元。中国愿意并将与更多沿线及相关国家和地区一道，以政策沟通、设施联通、贸易畅通、资金融通、民心相通为主要内容，协同推进战略互信、经贸合作、人文交流，努力形成深度融合的互利合作格局，共同打造利益共同体、命运共同体和责任共同体。

第二，促进对外贸易优化升级，培育贸易新业态新模式。完善对外贸易布局，创新跨境电子商务、市场采购贸易发展、外贸综合服务企业等外贸发展模式，加强营销和售后服务网络建设，推动外贸向优质优价、优进优出转变。壮大装备制造等新的出口主导产业。发展服务贸易。实行积极的进口政策，向全球扩大市场开放。

第三，打造完善的法治化、国际化、便利化营商环境，健全有利于合作共赢并同国际贸易投资规则相适应的体制机制。凡是在我国境内注册的企业，都要一视同仁、平等对待。为此，要实行高水

平的贸易和投资自由化便利化政策，全面实行准入前国民待遇加负面清单管理制度，大幅度放宽市场准入，扩大服务业对外开放，保护外商投资合法权益。全面实施单一窗口和通关一体化。推动同更多国家签署高标准双边投资协定和多边自由贸易区，致力于形成面向全球的高标准自由贸易区网络。

第四，优化区域开放布局，加大各个区域开放力度。加强内陆沿边地区口岸和基础设施建设，开辟跨境多式联运交通走廊，发展外向型产业集群，形成各有侧重的对外开放基地。提高边境经济合作区、跨境经济合作区发展水平。同时，支持沿海地区全面参与全球经济合作和竞争，培育有全球影响力的先进制造基地和经济区。

第五，扩大开放领域，提升利用外资和对外投资水平。放宽准入限制，积极有效引进境外资金和先进技术，提升利用外资综合质量。赋予国内自由贸易试验区更大改革自主权，并在更大范围内进

上海自贸区取得一系列可供复制的制度创新　　　　　　（新华社记者　方喆／摄）

行复制，探索建设自由贸易港。鼓励外资更多投向先进制造、高新技术、节能环保、现代服务业等领域和中西部及东北地区，支持设立研发中心。放开育幼、建筑设计、会计审计等服务领域外资准入限制，扩大银行、保险、证券、养老等市场准入。建设一批大宗商品境外生产基地及合作园区，积极搭建对外投资金融和信息服务平台。

第六，创新对外投资方式，加快培育国际经济合作和竞争新优势。支持企业扩大对外投资，推动装备、技术、标准、服务走出去，以培育一批全球供应链领先企业为抓手，整合、融入全球产业链、价值链、物流链，建设一批大宗商品境外生产基地，培育一批具有全球竞争力的世界一流跨国企业。积极搭建国际产能和装备制造合作金融服务平台。

第七，积极参与全球经济治理，推动国际经济治理体系改革。积极引导全球经济议程，促进国际经济秩序朝着平等公正、合作共赢的方向发展。加强宏观经济政策国际协调，促进全球经济平衡、金融安全、经济稳定增长。积极参与网络、深海、极地、空天等新领域国际规则制定。

第八，积极承担国际责任和义务，发挥建设性、负责任大国作用。坚持共同但有区别的责任原则、公平原则、各自能力原则，积极参与应对全球气候变化谈判，落实减排承诺。扩大对外援助规模，完善对外援助方式。

第五节　坚持共享发展增进人民福祉

共享是中国特色社会主义的本质要求。"治天下也，必先公，公则天下平矣。"让广大人民群众共享改革发展成果，是社会主义的本质要求，是社会主义制度优越性的集中体现，是坚持以人民为中心发展思想的重要体现。这个问题解决得好，党和国家的发展才有最深厚的伟大力量。共享发展理念的提出，使全体人民真切感受到全面小康给我们带来的实惠和福祉，使全面小康社会的中国特色更加鲜明。

一、全面建成小康社会的落脚点

共享发展坚持以人为本，突出人民至上，致力于解决我国发展中共享性不够、受益不平衡问题，是全面建成小康社会的落脚点。共享发展是对国际上提出的"分享型增长""基础广泛的增长""包容性增长"等理念及实践的借鉴与超越，是马克思主义发展理论的重大创新。

从共享的覆盖面来看，共享发展是全民共享、人人享有、各得其所，不是少数人共享、一部分人共享。从共享的内容来看，共享发展是全面共享，共享国家经济、政治、文化、社会、生态各方面建设成果，全面保障人民在各方面的合法权益。从共享的实现途径来看，共享发展是共建共享。共享首先要共建，共建才能共享，共建的过程也是共享的过程。要充分发扬民主，广泛汇聚民智，最大激发民力，形成人人参与、人人尽力、人人都有成就感的生动局面。从共享发展的推进进程来看，共享发展是渐进共享，不断从低级到高级、从不均衡到均衡。2013—2017 年，我国贫困人口减少6800 多万，贫困发生率从 10.2%下降至 3.1%。城镇新增就业连续五年保持在 1300 万人以上，居民收入年均增长 7.4%，形成世界上最大的中等收入群体，体现了人民生活持续改善和共享发展。

发展理念服务奋斗目标，伟大的奋斗目标需要科学的发展理念。实现全面建成小康社会的奋斗目标，到 2035 年基本实现现代化，到 2050 年建成富强民主文明和谐美丽的社会主义现代化强国，离不开共享这一发展理念。决胜全面建成小康社会，必须以共享发展理念为指引，实现人民生活水平和质量普遍提高，尤其要让贫困地区和贫困人口甩掉贫困帽子，让人人都有获得感、人人增强幸福感，努力增进近 14 亿中国人的福祉。

二、坚持共享发展实现公平正义

坚持共享发展，关键是作出更有效的制度安排，破除重增长轻民生、重城市轻农村、重效率轻公平等不良倾向，加紧建设对保障社会公平正义具有重大作用的制度，努力营造公平的社会环境，保证人民平等参与、平等发展权利。共享发展应抓住最需要关心的人群，在人民最关心最直接最现实的利益问题上持续取得新进展。

增加公共服务供给，保障人民的基本权益。坚持普惠性、保基本、均等化、可持续方向，推进区域、城乡基本公共服务均等化，努力实现全覆盖，提高公共服务共建能力和共享水平。要加大对革命老区、民族地区、边疆地区、贫困地区的转移支付，加强对特定人群特殊困难的帮扶，坚决打好精准脱贫攻坚战。

促进教育公平，提高教育质量。教育寄托着每个家庭对美好生活的期盼，教育改革牵动千家万户。推动义务教育均衡发展，普及高中阶段教育，缩小区域之间、城乡之间的教育差距，让教育成为阻断贫困代际传播的利器。同时，提高高等教育质量，培养大批创新人才，建设教育强国，为决胜全面建成小康社会，进而迈向现代化强国奠定基础。

坚持就业优先战略，创造更多就业机会。就业是民生之本。彻底打破就业、创业市场上的壁垒与身份歧视，不断提高劳动参与率。继续完善创业扶持政策，搭好创业平台，打造大众创业、万众创新的新引擎，创造更多参与共享发展的机会。

深化医药卫生体制改革，推动健康事业发展。建立覆盖城乡的基本医疗卫生制度和现代医院管理制度，加快公立医院改革步伐，优化医疗卫生机构布局，促进医疗资源向基层与农村流动，鼓励社会力量发展健康服务。

建立更加公平更可持续的社会保障制度，确保网底不破。社保是民生之依，实施全民参保计划，基本实现法定人员全覆盖，实现职工基础养老金全国统筹，建立基本养老金合理调整机制，全面实施城乡居民大病保险制度，统筹社会救助体系，推进相关制度的整合，确保困难群众基本生活。要织好社会保障这张大网，兜住多种民生难题和社会风险。

三、推进共享发展实现共同富裕

当前我国发展的"蛋糕"不断做大，但分配不公的问题仍然比较突出。古人云"不患寡而患不均"。共享理念实质就是坚持以人民为中心的发展思想，体现的是逐步实现共同富裕的要求。贫富差距过大，不仅与全面小康相悖，还影响社会整体稳定。贫穷不是社会主义，两极分化也不是社会主义，让人民群众共享改革发展成果，进而实现共同富裕才是社会主义的本质要求。

当然，必须认识到，走向共同富裕不可能一蹴而就，而是一个长期的历史过程。一方面，充分调动人民群众的积极性、主动性、创造性，不断把经济"蛋糕"做大。必须发挥好市场机制在资源配置中的决定性作用，促进各种要素充分有效配置，建设现代化经济体系，迈向高质量发展，做到投资有回报、企业有利润、员工有收入、政府有税收，社会财富较快增长，各种产品和服务日益丰富。另一方面，完善制度体系，把不断做大的"蛋糕"分好，确保发展成果惠及全体人民群众，让人民群众有更多获得感。坚持居民收入增长和经济增长同步、劳动报酬提高和劳动生产率提高同步，健全科学的工资水平决定机制、正常增长机制、支付保障机制，完善最低工资增长机制等。协调好公平与效率的关系，建立体现效率、促进公平的收入分配体系，完善个人税收制度，通过扩中、提低、限高，形成"两头小、中间大"的橄榄型分配格局。

本章小结

决胜全面建成小康社会必须紧扣社会主要矛盾变化，坚定贯彻创新、协调、绿色、开放、共享的新发展理念。一是要坚持创新发展，提高发展质量和效益。在国际发展竞争日趋激烈和我国发展动力转换的形势下，必须把发展基点放在创新上。二是要坚持协调发展，形成平衡发展结构。坚持问题导向，把协调发展的理念贯穿于实际工作中，着力增强发展的整体性协调性。三是要坚持绿色发展，改善生态环境。形成节约资源和保护环境的空间格局、产业结构、生产方式、生活方式，打造人与自然和谐发展现代化建设新格局。四是要坚持开放发展，实现合作共赢。必须丰富对外开放内涵，提高对外开放水平。五是要坚持共享发展，着力增进人民福祉。必须坚守底线、突出重点、完善制度、引导预期的要求，注重机会公平，保障基本民生，实现全体人民共同迈入全面小康社会。

【思考题】

1. 如何理解新发展理念的内在逻辑关系？

2. 决胜全面建成小康社会为何要走绿色发展之路？

3. 如何理解共享发展是全面建成小康社会的落脚点？

第四章
坚决打好防范化解重大风险攻坚战

　　全面建成小康社会过程中，我国会面临各类重大风险，既包括国内的经济、政治、意识形态、社会风险以及来自自然界的风险，也包括国际经济、政治、军事风险等。"如果发生重大风险又扛不住，国家安全就可能面临重大威胁，全面建成小康社会进程就可能被迫中断。我们必须把防风险摆在突出位置，'图之于未萌，虑之于未有'，力争不出现重大风险或在出现重大风险时扛得住、过得去。"习近平总书记的这段重要论述，对决胜全面建成小康社会，对新时代打好防范化解重大风险攻坚战提出了更高的要求。

第一节　打好防范化解重大风险攻坚战的意义

　　决胜全面建成小康社会，满足人民日益增长的美好生活需要，要求营造一个安全的环境。要坚决打好防范化解重大风险攻坚战，守住不发生系统性风险的底线。

一、防范化解重大风险是保持经济社会大局稳定的战略举措

稳定是改革与发展的前提。习近平总书记在庆祝改革开放40周年大会上强调，"必须坚持辩证唯物主义和历史唯物主义世界观和方法论，正确处理改革发展稳定关系"。改革是经济和社会发展的强大动力，发展是改革和稳定的目的，而改革和发展都需要一个稳定的环境。没有一个稳定的大局，就不能为生产力的发展创造有利的条件，不能为实现人民对美好生活的向往提供安定的社会环境，再好的愿望也要落空，再好的计划和方案也无法实施。

保持经济社会大局稳定需要守住不发生系统性风险的底线，防范化解重大风险。打赢防范化解重大风险攻坚战，是推动实现高质量发展的关键之举，是落实以人民为中心发展思想的惠民之举，是提升金融业核心竞争力的务实之举。要提高政治站位，深刻认识防范化解重大风险的极端重要性和现实紧迫性，树牢"四个意识"，坚持"两个维护"，切实增强打赢防范化解重大风险攻坚战的政治担当。坚持问题导向，聚焦我国发展面临的突出矛盾和问题，这些突出的矛盾和问题如若处理不当，很有可能演化为重大风险。要增强战略思维、辩证思维、创新思维、法治思维、底线思维，加强宏观思考和顶层设计，打好防范化解重大风险攻坚战。

二、防范化解重大风险是全面建成小康社会的重要保障

党中央提出"防范化解重大风险",既是宏观层面长远发展的重要使命,又是微观层面经济领域的重要部署。

宏观层面,防范化解重大风险是决胜全面建成小康社会的重要使命。党的十九大提出,"决胜全面建成小康社会,开启全面建设社会主义现代化国家新征程",要"突出抓重点、补短板、强弱项,特别是要坚决打好防范化解重大风险、精准脱贫、污染防治的攻坚战,使全面建成小康社会得到人民认可、经得起历史检验"。将防范化解重大风险与精准脱贫、污染防治放在一起,作为攻坚战的重要组成部分。只有打好三大攻坚战,以突出抓重点、补短板、强弱项的思路统筹推进"五位一体"建设,才能更好地以得到人民认可、经得起历史检验的方式全面建成小康社会。

微观层面,防范化解重大风险是经济领域的重要部署。2017年中央经济工作会议明确强调,"打好防范化解重大风险攻坚战,重点是防控金融风险"。作为社会主义市场经济的重要组成部分,防范化解金融风险是完善社会主义市场经济的必然要求。要秉持金融服务实体经济的本质,引导金融业回归本源、专注主业,才能从根本上防范风险。要坚持结构性去杠杆的基本思路,防范金融市场异常波动和共振,稳妥处理地方政府债务风险,做到坚定、可控、有序、适度。金融稳,则经济稳;经济稳定有序发展,才能更平稳有效地推进体制改革。只有更加成熟完善的社会主义市场经济体制,方可迸发出无限的经济活力,为人民追求美好生活提供强有力的支持,从而更好地全面建成小康社会。

三、防范化解重大风险是推动高质量发展的重要基础

习近平总书记强调，"毫不动摇坚持发展是硬道理、发展应该是科学发展和高质量发展的战略思想"。推动高质量发展，是保持经济持续健康发展的必然要求，是适应我国社会主要矛盾变化和全面建成小康社会的必然要求。只有推动经济社会持续健康发展，才能全面增强我国经济实力、科技实力、国防实力、综合国力，才能取得全面建成小康社会的最后胜利，也才有助于化解各个领域的重大风险。

高质量发展是一场"耐力赛"，向高质量发展转变的过程注定不会一帆风顺。越是在转变发展方式、优化经济结构、转换增长动力的攻关期，越是需要相对稳定的环境。防范化解国内国际经济、政治、意识形态和社会等领域的重大风险，守住不发生系统性风险的底线，有序排除长期积累的风险隐患，有效应对外部不确定性的冲击，将为高质量发展创造有利条件和环境。

第二节　防范化解金融风险

防范化解金融风险，特别是防止发生系统性金融风险是金融工作的根本性任务，也是金融工作的永恒主题。要把主动防范化解金融风险放在更加重要的位置，积极稳妥防范处置突出风险点，不忽视一个风险，不放过一个隐患，防患于未然，确保金融安全高效稳健运行。

一、把防范化解金融风险放在更加重要位置

金融风险具有复杂性、隐蔽性、突发性、传染性、危害性。因此，需要把防范化解金融风险放在更加突出的重要位置。

金融风险与实体经济活动密切联系。我国房地产业发展在满足居民住房需要、为经济增长提供动力的同时，由于多种因素作用使得城镇土地和房屋具有较强的金融投资品属性，不少人将房地产当作金融产品从事投资投机，个别大中城市房地产价格呈现泡沫化倾向，潜藏着程度不同的金融风险。

金融风险与财税改革滞后及其他产业政策不协调密切相关。一些地方政府通过大力推行土地财政获得过高比重的财税收入，支撑地方经济高速增长。在中央实施严格调控房地产政策，地方土地财政难以为继的情况下，一些地方政府通过融资平台、违法违规融资

国际货币基金组织警告全球金融风险升高 （新华社记者　杨承霖／摄）

担保行为等名义变相举债，债务风险持续扩大。

传统金融机构在监管留有漏洞、内控机制不健全的情况下，随时都会出现信用风险、操作风险、道德风险等。有的商业银行通过分拆授信、越权审批等手法，违规办理信贷、同业、理财、信用证和保理等业务，以掩盖不良贷款，给银行带来巨大风险甚至损失。完善系统重要性金融机构监管，对于弥补金融监管短板，引导大型金融机构稳健经营，防范系统性金融风险具有重要意义。

金融风险会借助于技术进步、互联网渠道等发生演变。互联网金融迅速发展，在快速、方便、廉价地满足一部分小微企业、小白领客户、双创客户的融资需求的同时，也滋生了网络贷款、现金贷、比特币、代币发行（ICO）等细分行业的金融乱象或欺诈行为，给广大网络金融消费者带来损失。对此，国家开展了互联网金融领域的专项整治行动。但由于技术进步和创新很快，金融领域仍会不断出现新的风险，需要高度关注。

二、双支柱宏观调控框架是防范化解金融风险的基础

党的十九大要求"健全货币政策和宏观审慎政策双支柱调控框架"，这是打好防范化解重大风险攻坚战的基础。双支柱调控框架强调货币政策和宏观审慎政策两者之间的分工，前者更多关注通胀率、经济增长等实体经济的问题，后者更多关注金融市场的问题。同时，还强调"一委一行两会"协调监管的架构。国务院金融稳定发展委员会旨在加强金融监管协调、补齐监管短板。中国人民银行除了专注于货币政策、宏观审慎，还统领银行

保险重要性行业立法，在防范金融系统性风险、协调行业穿透式监管、宏观去杠杆等领域扮演更加重要角色。银保监会将更加突出机构监管属性，微观审慎、穿透式监管，治愈金融乱象成为首要任务；而作为中国金融资产主体所在，在防控金融风险中，其与央行货币政策的步调协调成为关键。证监会因证券业务的特殊性及其在扩大直接融资发展中的作用无可替代，且承担着完善多层次资本市场、支持实体经济发展的重大任务，需要落实从严监管。

加强货币政策和宏观审慎政策的协调配合，是双支柱调控框架得以发挥整体功效的重要制度安排。在现有金融体系下，货币政策和宏观审慎政策密切关联。一方面，成功的宏观审慎政策可以降低金融体系的整体风险，保障货币政策传导渠道通畅；另一方面，货币政策也会影响资产价格和资产负债表，进而影响到金融体系的稳定性。在实践中，宏观审慎政策的优势在于"结构性调控"，即针对局部领域（如房地产市场、股票市场）的失衡进行有针对性的调控，而货币政策的优势则在于"总量调控"，即维持一个总体稳定的货币金融环境。在特定的经济阶段，面对日益严重的金融失衡，必须考虑使用货币政策进行总量调节。如果经济过热迹象已经出现，货币政策仍然放任信贷闸门开得太大，那么任何后续的宏观审慎工具都难以奏效。换言之，宏观审慎政策的结构性调节优势必须以适当的货币总量调节为基础。事实上，只有在运用货币政策来防止整体金融过剩的基础上，宏观审慎工具才能更加从容地发挥结构性调控功能。因此，成功而有效的货币政策必须和宏观审慎政策互相促进。

三、全面提升金融服务实体经济能力

金融是实体经济的命脉，为实体经济服务是金融的天职。党的十九大提出"深化金融体制改革，增强金融服务实体经济能力"，把防范化解金融风险和服务实体经济更好结合起来，这是习近平新时代中国特色社会主义思想在金融领域的根本要求，是体现金融发展一般规律与我国金融改革实践探索相结合的科学部署，是指导金融改革发展稳定的行动指南。

《关于金融支持制造强国建设的指导意见》

金融服务实体经济需把握好以下原则：一是市场导向。金融作为经济活动中的重要资源，应当坚持市场导向，充分发挥市场在金融资源配置中的决定性作用，同时更好地发挥政府在金融资源配置中的作用。二是优化结构。金融资源总量相对固定，如何在现有总量的基础上做好结构工作十分重要，要不断完善金融市场的多层次性，完善金融机构的多元化，完善金融产品的多样化。三是强化监管。有效的金融监管是提升金融服务实体经济的重要保障，要逐步完善监管主体的职责，加强监管协调，确保金融资源实实在在落实到实体经济上。四是统一领导。党的领导是一切工作的保障，金融改革一定要坚持正确的发展方向，金融要坚持服务实体经济的大局，为推动供给侧结构性改革提供保障。

要全面提升金融服务实体经济能力。一是继续深化金融体制改革。要优化金融机构体系，完善国有金融资本管理，完善外汇市场体制机制。要完善现代金融企业制度，完善公司法人治理结构，优化股权结构，建立有效的激励约束机制，强化风险内控机制建设，加强外部市场约束。要推进汇率和利率市场化，让市场在人民币利率形成和变动中发挥决定性作用，进一步增加人民币汇率弹性，稳妥推动人民币国际化进程。同时，增加外汇市场主体，让更多金融机构或非银行金融机构等参与其中。遵循金融发展规律，完善金融市场体系，健全金融宏观审慎政策框架，加强各项政策的协调配合。二是提升直接融资比例。要落实党的十九大关于提高直接融资比重的要求，加快完善上交所、深交所的主板市场，加快完善中小板与创业板市场，加快设立科创板并试点注册制，加快完善代办股份转让市场，加快完善区域性股权转让市场，加快落实科创板与试点注册制。优化间接融资结构，形成融资功能完备、基础制度扎实、市场监管有效、投资者合法权益得到有效保护的多层次资本市场体系。三是建设普惠金融体系。立足新时代发展普惠金融的新要求，突出抓好普惠金融供给体系、产品服务体系、政策环境支撑体系、风险防范和监管体系、消费者教育保护体系等五大体系建设，不断拓展普惠金融服务的广度与深度，统筹实现"普"和"惠"的双重目标。以服务小微企业、"三农"和偏远地区为根本防线，推进金融精准扶贫，鼓励发展绿色金融。四是健全金融监管体系。从金融领域暴露出来的问题看，加强金融监管极为重要。要统筹系统重要性金融机构和金融控股公司，尤其是对这些机构服务实体经济的统筹；统筹各类金融基础设施和金融信息数据，比如支付、清算、交易等基础设施，使之能够为整个金融体系所共享；统筹协调监管机构之间、监管机构与其他部门之间的权责利，以及交叉性金融产品的监管，确保各主体都能明确服务实体经济职责；统筹协调中央与地方的风险分担和监管职责，发挥中央和地方在金融服务实体经济方面的不同作用。同时，建立风险监测预警和早期干预机制，加强宏观审慎管理制度建设，强化功能监管，更加重视行为监管。

[案 例]

冰岛国民经济过度金融化的严重后果

2008 年金融危机前，冰岛是一个美丽富饶的北欧温泉岛国，被誉为"世界上最幸福国家"。由于工业基础薄弱，渔业和旅游业一直是冰岛的支柱产业。

在金融全球化浪潮下，冰岛转向"弃实业、金融膨胀"的发展道路，社会经济资源向扶植金融产业方向倾斜。为快速发展金融业，冰岛政府在国内市场实施高利率、低管制的金融政策吸引外资，并在国际资金市场大量借入低利短债，冰岛三大银行所欠外债超过1000 亿欧元。其中 2005—2007 年间，冰岛银行业对私人部门的信贷增长额占 GDP 的比重居世界首位。金融、地产以及建筑业逐渐占据经济主导地位，2006 年占 GDP 比重为 37%；而以渔业为代表的实体经济产业却持续萎缩，占 GDP 比重由 1996 年的 13.8% 降至2006 年的 6.6%。2008 年 9 月，冰岛银行业资产总值高达该国 GDP 总量的 8 倍。冰岛的发展已不再依靠实体经济，而是利用高利率、低管制的开放金融环境吸引外资，并投资于高收益的金融项目。

过度依赖国际金融市场繁荣的发展模式，加重了冰岛经济和金融体系的脆弱性。随着金融危机爆发，全球银行业借贷利率上升、资本流动性骤减，冰岛首当其冲，其银行业顿时陷入困境。随着市场信心丧失，人们纷纷抛售冰岛货币，致使冰岛克朗价值暴跌，国家濒临"破产"。

第三节 防控债务风险

债务风险是经济领域的重要风险点之一，使债务风险处于可控状态，维持债务的可持续性，有利于各级政府、各个部门更好落实全面建成小康社会的历史重任。防控债务风险，包括政府债务、国有企业债务等。在 2017 年全国金融工作会议上，习近平总书记指出："各级地方党委和政府要树立正确政绩观，严控地方政府债务增量，终身问责，倒查责任"，彰显出中央严控债务风险的坚定决心。要坚定做好去杠杆工作，把握好力度和节奏，协调好各项政策出台时机。

一、在去杠杆中防控债务风险

党的十八大以来，党中央对债务风险十分重视。防控债务风险，已然成为各级政府、各个部门的重要工作。党中央对债务风险的防控，主要以去杠杆为大背景。

2015 年中央经济工作会议将去杠杆作为供给侧结构性改革的五大任务之一，控制和化解债务风险成为经济工作的重要宏观任务。要求加强源头规范，把地方政府性债务分门别类纳入全口径预算管理，严格政府举债程序；明确责任落实，省区市政府要对本地区地方政府性债务负责任；强化教育和考核，从思想上纠正不正确的政绩导向。要有效化解地方政府债务风险，做好地方政府存量债务置换工作，完善全口径政府债务管理，改进地方政府债券发行办法。

2016 年中央经济工作会议提出，"去杠杆要在控制总杠杆率的前提下，把降低企业杠杆率作为重中之重。要支持企业市场化、法治化债转股，加大股权融资力度，加强企业自身债务杠杆约束等，降低企业杠杆率。要规范政府举债行为"。特别强调降低企业杠杆率是工作重点，同时强调各级地方党委和政府要树立正确政绩观，严控地方政府债务增量，终身问责，倒查责任。

2018 年中央财经委员会第一次会议提出，以结构性去杠杆为基本思路，分部门、分债务类型提出不同要求，地方政府要尽快把杠杆降下来，努力实现宏观杠杆率稳定和逐步下降。

二、我国债务风险的现状

我国债务风险总体可控，但不同部门、不同地区的债务结构存在一些问题。从实体部门（包括政府部门、家庭部门、非金融企业部门）杠杆率纵向演变趋势看，根据国际清算银行的数据，我国债务风险呈现三个特点。一是政府部门杠杆率平缓增加。如果只考虑显性政府债务，而不考虑隐性政府债务，2006 年我国政府部门杠杆率为 25.7%，到 2017 年为 47%，11 年间增加了 21.3 个百分点，

（单位：%）

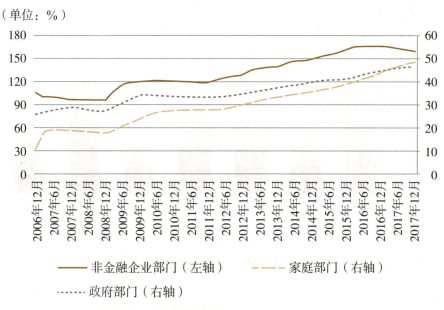

图 4-1 我国实体部门杠杆率演变趋势

年均增长不到 2 个百分点。二是家庭部门杠杆率增速较快。2006 年我国家庭部门杠杆率只有 10.8%，但到 2017 年已经达到 48.4%，超过同期政府部门杠杆率，尤其是 2015 年以来家庭部门杠杆率快速攀升，从 2015 年的 38.8% 升高至 2017 年的 48.4%，年均增加近 5 个百分点。三是非金融企业部门杠杆率高位趋缓。2006 年以来，我国非金融企业部门杠杆率经历了两次增长，第一次是 2009 年的 "四万亿" 经济刺激计划，从不到 100% 增加至 120% 左右。第二次是 2012 年开始非金融企业快速加杠杆，从 120% 飙升至最高 166.9%（2016 年 6 月）。此后，非金融企业部门杠杆率在高位盘整，呈趋缓之势，2017 年下降至 160.3%。（见图 4-1）

从实体部门杠杆率横向国际对比看，我国杠杆率并不算很高。从总量看，我国实体部门总杠杆率为 255.7%，与美国的 250.6% 大

（单位：%）

图 4-2　2017 年杠杆率国际比较

体相当，低于日本（369.8%）、法国（301.2%）、英国（281.2%）等国家。从部门结构看，我国政府部门杠杆率为 47%，远远低于主要发达国家，诸如日本（212.9%）、英国（112.1%）、法国（109%）的政府部门杠杆率都超过了 100%，同时也低于欧盟关于政府部门杠杆率不超过 60% 的警戒线规定；家庭部门杠杆率（48.4%）低于主要发达国家，与德国（52.7%）的水平相当，但高于印度（11%）；非金融企业部门杠杆率水平很高，在这几个国家中，只有中国（160.3%）和法国（133.6%）超过了 100%，其他国家都低于 100%。（见图 4-2）

三、防控债务风险的具体举措

2018 年下半年，经济下行压力较大，但这并不意味着去杠杆、防风险变得不重要；相反，既要守住不发生系统性风险的底线，又要坚持结构性去杠杆的基本思路，防范金融市场异常波动和共振，稳妥处理地方政府债务风险，做到坚定、可控、有序、适度。根据党中央的决策部署，防控债务风险主要有以下四个方面的具体举措。

一是设计债务风险防范的监管框架。健全货币政策和宏观审慎政策双支柱调控框架。完善货币政策框架，强化价格型调控和传导，发挥金融价格杠杆在优化资源配置中的决定性作用；完善宏观审慎政策框架，将更多金融活动、金融市场、金融机构和金融基础设施纳入宏观审慎政策的覆盖范围；完善货币政策和宏观审慎政策治理架构，推进金融治理体系和治理能力的现代化。建立金融稳定发展委员会下的"一行两会"监管协调。针对宏观审慎、微观审慎和资

美国工业重镇底特律为多国敲响债务警钟 （新华国际 罗宇凡 华晔迪/摄）

本市场发展，中国人民银行、银保监会和证监会各司其职，金融稳定发展委员会协调各监管部门之间的关系，同时要将行为监管纳入监管协调范围，保护金融消费者权益。

二是完善债务风险防控的体制机制。加快建立规范的地方政府举债融资机制，赋予省（自治区、直辖市）级政府依法适度举债权限。对地方政府债务实行规模控制和预算管理，地方政府一般债务和专项债务规模实行限额管理，把地方政府债务分门别类纳入全口径预算管理。妥善处理存量债务和在建项目后续融资，以债务置换方式降低利息负担，以市场规则处置到期存量债务，确保在建项目后续融资，优先保障在建项目续建和收尾。

三是构建债务风险防控的预警指标体系。建立地方政府性债务风险预警机制，比如测算债务率、新增债务率、偿债率、逾期债务率等指标。建立债务风险应急处置机制，地方政府对其举借的债务负有偿还责任，中央政府实行不救助原则。严肃财经纪律，建立对违法违规融资和违规使用政府性债务资金的惩罚机制，加大对地方政府性债务管理的监督检查力度等。

四是建立债务风险防控的追责制度。完善债务报告和公开制度，加快建立权责发生制的政府综合财务报告制度，全面反映政府的资产负债情况。建立考核问责机制，终身问责，倒查责任。强化债权人约束，金融机构等应自主经营、自负盈亏。

第四节　防范化解房地产市场风险

我国快速发展的城镇化，促进了居民居住条件的不断改善。

我国居民人均住房建筑面积达到 40.8 平方米（国家统计局 2016 年数据），根据不同收入国家居住水平的划分标准，当前我国人均住房面积已接近高收入国家的水平。同时，随着中国经济的快速发展和城镇化率的不断上升，中国大中城市的商品房市场也出现了价格快速攀升的局面。房地产是全面建成小康社会的重大民生关切，防范化解房地产市场风险，是各级政府的重要职责。房地产市场风险已成为中国当前最重要的风险之一，亟须建立长效机制加以纾解。

一、我国城市房地产市场存在突出的风险

我国房地产市场存在的风险主要体现在一二线城市房价过高，三四线城市房屋库存严重，以及房地产开发商过度负债等方面。

一是近些年我国一二线城市房价上涨过快，房价居高不下。世界房价（主要指中心城区房价）最高的城市中，一度中国香港排第一，深圳、上海、北京分列第 7、8、13 位。一二线城市的房价远超出了城市中等收入家庭的平均收入，此外还呈现出房价/租金比偏高的现象。

二是部分城市存在过多的房屋库存。库存压力较大的是部分三四线中小城市，且多集中在中西部、东北及其他经济欠发达地区。这与这些城市过度投资、人口及资源向一二线城市迁移的过程密切相关。从美国、日本等国的历史经验看，后房地产时代人口会继续向大都市圈迁移，农村和三四线城市等面临人口净流出的压力。因此，三四线城市房屋去库存压力将是长期的。

三是房地产企业的资产负债率普遍过高。我国房地产行业的

资产负债率从 2003 年的 55%一路上升至 2016 年的 77%，流动比率（流动资产总额/流动负债总额）从 2009 年的 1.88 下降至 2016 年的 1.65。目前房地产开发资金来源中，约 55%依赖于银行体系，明显超过 40%的国际平均水平。随着近些年来各地住房市场调控政策的密集出台，部分高负债房企存在资金链断裂的风险。

二、我国城市房地产市场风险的主要成因

我国房地产市场风险产生的原因是多方面的。既有货币供应方面的原因，也有城市建设用地的供给不能满足需求的原因。

一是货币的供应偏多。根据中国人民银行的数据，我国 M2（广义货币）与 GDP 之比近十多年来不断攀升。尽管其中有中国独特的金融结构因素的影响，但必须承认，我国市场的流动性较为充裕。2008 年国际金融危机之后，我国以制造业为主的实体经济回报率下降，不少资金流入房地产市场。每年新增的货币供应，较大比例进入房地产市场，实体经济缺血的状况未能得到有效缓解。不断涌入的资金，成为我国一二线城市房价快速攀升的直接原因。

二是城镇化正处于加速期。2000—2017 年，中国的城镇化率以每年超过 1 个百分点的速度增长，这意味着平均每年有超过 1000 万的人口从农村移居到城市，这就带来了城镇住房的强烈需求。统计数据表明，凡是人口集中流向的城市，其房价就会加快上涨。我国的城镇化模式与欧洲不同。欧洲城市分布呈现出较为突出的"去中心化"特点，大中小城市均衡分布；我国则呈现出一线城市超常规发展、三四线城市发展缓慢的特点。这也是我国大城市房价超常规上涨的原因。

三是住房用地供需不平衡。我国是一个人口大国。随着每年大量农村人口向城市转移，城市需要供应足够数量的土地以满足新增人口的住房需求。一个城市尤其是经济较为发达的城市，其供应的土地不仅要用于住宅建设，还要用于公共设施建设、交通水利建设等方面。可用于住宅建设的土地供给相对较少，无法完全满足住房用地需求。

四是近些年"去杠杆"带来资金面的紧缩。在"去杠杆"、金融严监管政策导向下，监管机构严控银行信贷、信托、理财等资金违规进入房地产市场，市场资金供给收缩，房企融资渠道受限。房企融资难、融资贵问题凸显，尤其是高杠杆的中小房企面临较大生存压力。高资产负债率叠加融资难、融资贵，容易导致房企资金链断裂风险，需要密切关注。

三、房地产风险的防范和化解

习近平总书记指出："坚持房子是用来住的、不是用来炒的定位，加快建立多主体供给、多渠道保障、租购并举的住房制度，让全体人民住有所居。"要下决心解决好房地产市场问题，坚持因城施策，促进供求平衡，合理引导预期，整治市场秩序，坚决遏制房价上涨，加快建立促进房地产市场平稳健康发展长效机制。防范和化解房地产市场风险，需要从以下几个方面发力：

一是增加住房及住房用地的供给。目前我国农村空置宅基地约3000万亩，相当于城市建成区总面积的37%。应改革农村集体建设用地产权制度，赋予农村集体经济组织对集体土地完全所有权。使这些土地可以长租、流转、抵押、继承，有效地满足城市商品房建设用地的需求。

二是完善租房制度。加快住宅租赁市场立法，实行租购同权制度，实行鼓励租赁市场发展的财税金融政策。租赁市场发展的重点不再放在新建多少租赁住房上，而是通过税收等经济办法使空置存量住宅进入租赁市场。以人口净流入多的大中城市为重点，加快培育住房租赁市场特别是长期租赁市场，发展一批专业化的住房租赁企业。研究租房支出抵扣个人所得税和租赁企业税收减免政策，以及建设租赁住房的土地出让金由一次性收取改为按年收取，促进租赁市场发展。

三是完善住房金融制度。完善住房金融宏观审慎管理，严格限制资金流向投资投机性购房。加强房地产开发企业购地资金合规性审查。加快研究设立国家住宅政策性金融机构，为居民合理住房消费提供长期稳定的低利率资金支持。要研究和探索居民购房时的首付比例和贷款利率固定或两者反向变动的房贷政策，以稳定购房者预期，避免购房需求短期内提前释放。

四是密切关注房地产市场调控效果。进入 2018 年下半年，中国经济下行压力凸显，长期隐藏的风险隐患有所暴露。为了避免各类风险相互叠加，集中爆发，应密切关注房地产市场动态，发挥宏观调控作用。

第五节　防范社会领域风险

随着改革开放的不断推进，我国处于大转型、大变革时期，城镇化水平不断提高，人口流动加速，不可避免会带来一些社会风险。领导干部要增强忧患意识和驾驭各种风险本领，做到居安思危、知危图安。防范社会领域的风险，要做好预防化解社会矛盾工作，从制度、机制、政策、工作上积极推动社会矛盾预防化解工作。把风险预防、风险评估和风险处置等各项工作有机结合起来。

一、从源头上防范社会领域风险

"备豫不虞，为国常道。"习近平总书记指出："要增强发展的全面性、协调性、可持续性，加强保障和改善民生工作，从源头上预防和减少社会矛盾的产生。要以促进社会公平正义、增进人民福祉为出发点和落脚点，加大协调各方面利益关系的力度，推动发展成果更多更公平惠及全体人民。"防范社会领域风险，要下好"先手棋"，防患于未然，提倡"治未病"，注重加强保障和改善民生工作。

一是加强保障和改善民生工作，从源头减少风险的产生。必须多谋民生之利、多解民生之忧，在发展中补齐民生短板、促进社会公平正义。坚持人人尽责、人人享有，坚守底线、突出重点、完善制度、引导预期，完善公共服务体系，保障群众基本生活，在幼有所育、学有所教、劳有所得、病有所医、老有所养、住有所居、弱有所扶上不断取得新进展，不断满足人民日益增长的美好生活需要，不断促进社会公平正义，形成有效的社会治理、良好的社会秩序，使人民获得感、幸福感、安全感更加充实、更有保障、更可持续。

二是健全社会矛盾纠纷排查化解机制，从机制上第一时间把风险化解在基层。第一，强化社会矛盾纠纷排查调处。坚持把矛盾纠纷排查调处作为源头治理的重中之重，紧盯住重点领域、重点地区、重点群体、重点人员，定期开展摸排，做到全覆盖、不遗漏，同时坚持处早、处小、处巧，及时就地化解。第二，要不断完善各种调解相互衔接的"大调解"工作体系。围绕征地拆迁、环境污染、劳资纠纷、医患纠纷、物业管理、交通事故等重点领域和突出问题，建立健全专业性、行业性调解组织，及时有效地化解矛盾纠纷。

二、完善社会稳定风险评估机制

防范社会领域风险，要加强对各种风险源的调查研判，提高动态监测、实时预警能力，推进风险防控工作科学化、精细化，尽早发现并尽早化解苗头性、倾向性风险，避免矛盾过度积累和演化。针对改革发展稳定中的社会风险，提前预判，准确评估风险、迅速处置风险、有效化解风险。

一是对和人民群众利益密切相关的决策和项目必须进行社会稳定风险评估。各级领导干部要把社会稳定风险评估作为维护稳定工作的基础性环节，在企业改制、征地拆迁、涉农利益、教育、医疗、环境保护、安全生产、食品药品安全、城乡建设、劳动保障、社会管理、公共服务等容易引发社会矛盾的领域进行分析评估，研判这些决策、项目、活动可能给社会稳定带来的影响，并根据评估结论及时制定相应的维护稳定应急预案和化解风险的措施。

二是根据风险评估情况，分类施策。对严重损害群众利益、稳定风险很大的拟决策事项，及时终止；对符合群众长远利益，但超出群众现实承受能力或多数群众不赞成、稳定风险较大的拟决策事项，暂缓出台；对经过评估，拟决策事项虽然正确，但多数群众不理解、不支持的，做好解释工作，取得群众拥护和支持后，再进入决策程序；对群众支持率高、稳定风险较小的拟决策事项，批准实施。对于那些已经积累到一定程度的重大风险，或者可能引发系统性危机的严重结构性矛盾，从应对最困难的情况思考并制定相关应急、防范预案，预备相关应对措施。一旦出现重大险情，必须果断采取措施加以处置，避免风险蔓延，坚决守住不发生系统性风险的底线。

三、注重运用法治思维法治方式化解风险

对各类社会矛盾，要引导群众通过法律程序、运用法律手段解决，推动形成办事依法、遇事找法、解决问题用法、化解矛盾靠法的良好环境。

一是依法全面履行职责。领导干部要坚持法定职责必须为、法无授权不可为，坚决纠正不作为、乱作为，坚决惩处失职、渎职。强化领导干部的依法用权意识，推行权力清单制度，进一步明晰法律赋予了什么权力、权力的边界在哪里、行使权力的程序是什么、不依法行使权力应该承担什么责任等。加强对行政执法活动的监督，切实解决执法的缺位、越位、错位问题，强化权力公开透明运行，从源头上预防和减少基层社会矛盾的发生。

二是坚持严格规范执法。依法惩处各类违法行为，加大关系群众切身利益的重点领域执法力度。完善执法程序，明确具体操作流程，重点规范行政许可、行政处罚、行政强制、行政征收、行政收费、行政检查等执法行为。建立健全行政裁量权基准制度，细化、量化行政裁量标准，规范裁量范围、种类、幅度，保证执法行为合法合理。

基层法院设"立案信访窗口" （新华社记者　陈海宁／摄）

三是全面推进政务公开。坚持以公开为常态、不公开为例外原则，推进决策公开、执行公开、管理公开、服务公开、结果公开。向社会全面公开政府职能、法律依据、实施主体、职责权限、管理流程、监督方式等事项，以及重大公共资源配置、重大建设项目等领域信息。规范政务公开、办事程序、管理制度，扩大群众知情权，切实减少基层社会矛盾的发生，降低社会风险发生的概率。

四、提高领导干部驾驭风险本领

党的十九大要求领导干部要增强驾驭风险本领，健全各方面风险防控机制，善于处理各种复杂矛盾，勇于战胜前进道路上的各种艰难险阻，牢牢把握工作主动权。防范社会领域风险，领导干部既要政治过硬，又要本领高强。

一是领导干部要增强担当风险的政治勇气。对可能发生的各种风险，各级党委和政府要增强责任感和自觉性，把自己职责范围内的风险防控好，不能把防风险的责任都推给上面，也不能把防风险的责任都留给后面，更不能在工作中不负责任地制造风险。领导干部作为群众的主心骨，出了风险不慌乱，要做到每临大事有静气，情况越是危急，越要稳住阵脚、临危不惧，沉着冷静、快速反应，注重从全面、整体和长远的高度分析研判，找准矛盾和问题的根源，综合运用法律、政策、经济、行政等手段和教育、协商、疏导等方法化解风险。

二是领导干部要增强驾驭风险的专业本领。领导干部要注重提高政治能力，特别是把握方向、把握大势、把握全局的能力和保持政治定力、驾驭政治局面的能力。各级领导干部要加强学习，加强调研思考，加强实践历练，增强把握和运用市场经济规律、社会发展规律、自然规律的能力，努力成为领导经济社会发展的行家里手。只有领导干部把握和运用科学规律的本领增强了，我国经济社会发展中遇到的各种风险才能切实做到事前防范评估、事中有效处置。

∽ 本章小结 ∾

打好防范化解重大风险攻坚战，是全面建成小康社会的重要保障。打好防范化解重大风险攻坚战，主要从四个方面落实：一是把防范金融风险放在更加重要的位置，要建立健全双支柱宏观调控框架，增强金融服务实体经济的能力。二是防控债务风险，要实时把握去杠杆进程中不同阶段下防控债务风险的要求，从规模与结构认识债务的实际情况，坚决执行党中央关于债务管理的决策部署。三是防范化解房地产市场风险，需把握房地产市场的风险状况，研究房地产市场风险的主要成因，从用地供给、租房制度、住房金融制度等方面防范化解风险。四是防范社会领域的风险，要深刻认识保障和改善民生工作是防范风险的本源，完善和落实社会稳定风险评估机制，注重运用法治思维法治方式化解风险，同时也要提高领导干部驾驭风险的本领。

【思考题】

1. 为什么要把防范金融风险放在更加重要的位置？

2. 如何化解地方政府债务风险？

3. 如何建立化解房地产市场风险长效机制？

第五章
坚决打好精准脱贫攻坚战

打好脱贫攻坚战是决胜全面建成小康社会的底线目标和标志性指标，是社会主义的本质要求，是执政党对人民的庄严承诺。党的十八大以来，以习近平同志为核心的党中央高度重视扶贫开发工作，把脱贫攻坚摆到治国理政突出位置，提出一系列新思想新观点，作出一系列新决策新部署，脱贫攻坚取得了决定性进展。2018年，中共中央、国务院发布《关于打赢脱贫攻坚战三年行动的指导意见》，全面贯彻精准扶贫精准脱贫基本方略，丰富和完善了各项政策、机制，搭建了国家贫困治理体系的四梁八柱。

第一节　打好精准脱贫攻坚战的意义

打好精准脱贫攻坚战是党的十九大提出的三大攻坚战之一，事关党的宗旨，事关人民福祉，是全面建成小康社会的底线目标，是必须要完成的政治任务。

一、打好精准脱贫攻坚战意义重大

打好精准脱贫攻坚战事关全面建成小康社会。全面小康，是惠及全体人民的小康，是不能有人掉队的小康，绝不能把贫困地区和贫困人口排除在外。全面建成小康社会最艰巨的任务是脱贫攻坚，最突出的短板就是农村还有几千万贫困人口。我们不能一边宣布全面建成了小康社会，另一边还有几千万人口的生活水平处在扶贫标准线以下。如期完成脱贫任务是全面建成小康社会的刚性目标、底线目标。只有脱贫攻坚目标如期实现，才能凸显全面小康社会成色，让人民群众满意、国际社会认可。

打好精准脱贫攻坚战事关增进人民福祉。习近平总书记指出："贫穷不是社会主义。如果贫困地区长期贫困，面貌长期得不到改变，群众生活长期得不到明显提高，那就没有体现我国社会主义制度的优越性，那也不是社会主义。"改革开放以来，伴随着经济社会持续发展，我国组织实施了大规模扶贫开发行动，扶贫开发取得了举世瞩目的成就，人民生活水平不断得到提升。只有继续坚定不移地推进中国特色扶贫开发事业，才能不断增强贫困群众的获得感和幸福感，展示和证明中国共产党领导和中国特色社会主义制度的优越性。

打好精准脱贫攻坚战事关巩固党的执政基础。得民心者得天下。中国共产党执政的根本宗旨是全心全意为人民服务。我们党只有始终践行以人民为中心的发展思想，坚持为人民服务的根本宗旨，真正做到为人民造福，执政基础才能坚不可摧。只有全体人民过上了好日子，才能巩固党的执政基础。打好脱贫攻坚战，是"十三五"期间的头等大事和第一民生工程，必须坚持把扶贫脱贫作为我们党治国理政的一项重要工作。

打好精准脱贫攻坚战事关国家长治久安。改革开放以来，我国扶贫开发事业大踏步发展，极大地改变了贫困地区人民群众的生产生活状态和精神面貌，对促进社会进步、民族团结和谐、国家长治久安发挥了重要作用。在新的发展起点上，扶贫开发的标准在提高，更加注重发展型的民生改善。"十三五"时期，扶贫开发工作不仅要在改善贫困人口生产生活条件上着力，更要注重提升教育、医疗、文化等方面的公共服务水平，使他们跟上全面小康的步伐。只有让全体人民安居乐业，社会才能和谐稳定，国家才能长治久安。

[知识链接]

世界贫困标准比较

贫困标准是测量贫困程度、贫困规模的重要工具。准确反映一国贫困状况的前提，就是对贫困标准所代表的实际生活水平有一个合理的判断。由于人们对贫困的严格定义不同，导致在具体划定贫困与非贫困的界限时没有一个统一标准。为了精确掌握贫困人口的真实生活水平，并为政府制定反贫困政策提供合理、科学的依据，国家或地区会根据贫困含义及各自实际情况对贫困标准作出相应界定。

世界银行贫困标准

世界银行是国际社会研究贫困问题的主要机构，通常说的国际贫困标准一般就是指世界银行发布的贫困标准。世界银行发布的贫困线是公认的国际标准，分为绝对贫困线和一般贫困线，前者公布了 4 次，后者公布了 2 次。（见表 5-1）

表 5-1　世界银行贫困标准

发布年份（基期）	绝对贫困标准		一般贫困标准	
	数值（美元/天·人）	测算方法	数值（美元/天·人）	测算方法
1990（1985）	1.01	12 个最穷国的最高标准	—	—
1994（1993）	1.08	10 个最穷国的平均标准	—	—
2008（2005）	1.25	15 个最穷国的平均标准	2	发展中国家贫困标准中位数
2015（2011）	1.9	15 个最穷国的平均标准	3.1	发展中国家贫困标准中位数

发达国家贫困标准

欧盟对贫困线的确定是基于收入角度的相对贫困标

准，将一个国家人均收入的 60% 作为这个国家的贫困标准，低于这个标准的人口即为贫困人口。日本将全国居民家庭收入中位数的 50% 作为贫困线。美国的贫困线依据家庭人数、收入确定贫困线。按美国当前贫困标准，从 1 人到 9 人以上家庭，贫困线从年家庭收入 11354 美元到 52685 美元。

发展中国家贫困标准

发展中国家大多数采用绝对贫困指标。巴西有两条贫困线：贫困线和绝对贫困线，前者按照最低工资的 1/2 来确定，后者是最低工资的 1/4。埃及将低于全国人均支出的 1/3 视为绝对贫困，低于 2/3 视为相对贫困。由于 1.9 美元是按最穷 15 国的平均数计算的，所以绝大多数国家的贫困标准都明显高于国际标准，印度和我国则与国际标准接近。

中国贫困标准

中国先后采用过三个不同的贫困标准。1985 年的农村贫困标准为人均纯收入 206 元。2001 年，中国调整了扶贫标准，在保留 1985 年标准的基础上，增加了低收入标准，将 2000 年农民人均纯收入 865 元定为低收入标准。2008 年，国家将这一低收入标准明确为扶贫标准；2011 年，中国将 2300 元（以 2010 年价格为基准）作为新的扶贫标准。（见表 5-2）按照购买力平价估算，加上"三保障"的要求，中国 2010 年贫困标准高于每天 1.9 美元，但低于每天 3.1 美元。

表 5-2　中国农村贫困标准

（单位：元）

年份	1985 年标准	2000 年标准	2010 年标准
1985	206	—	—
2000	625	865	—
2008	—	1196	—
2010	—	1274	2300

数据来源：国务院扶贫办

贫困标准的区别

（1）标准性质不同。中国等多数发展中国家与世界银行的贫困标准是绝对贫困标准；发达国家一般是相对贫困标准。（2）界定标准的角度不同。发达国家、发展中国家和我国的贫困标准是从收入的角度出发；世界银行的贫困标准是从消费的角度出发。

二、脱贫攻坚取得决定性进展

党的十八大以来，脱贫攻坚四梁八柱顶层设计基本完成，精准扶贫精准脱贫深入人心，贫困地区群众生产生活条件显著改善，贫困群众获得感显著增强。

一是创造了我国减贫史上最好成绩。现行标准下的农村贫困人口从 2012 年底的 9899 万人减少到 2017 年底的 3046 万人，累计减贫 6853 万人，年均减贫 1370 万人，减贫规模前所未有，也改变了以往新标准实施后减贫人数逐年递减的趋势。贫困县数量实现了首次减少，2016 年有 28 个贫困县摘帽，2017 年有 125 个贫困县申请摘帽，2018 年计划 200 多个县摘帽，解决区域性整体贫困迈出坚实步伐。

二是促进了贫困地区经济社会发展。贫困地区以脱贫攻坚统揽经济社会发展全局，呈现出新的发展局面。通过产业扶贫，贫困地区特色优势产业和电商扶贫、光伏扶贫、旅游扶贫等新业态快速发展，贫困地区内生发展活力和动力明显增强。通过易地扶贫搬迁、退耕还林、生态扶贫等，贫困地区生态环境明显改善。通过基础设施和公共服务设施建设，贫困地区基础条件明显改善。通过实施精准扶贫精准脱贫，贫困地区基层治理能力和管理水平明显提升，农村基层党组织凝聚力和战斗力明显增强。通过选派第一书记和驻村工作队，锻炼了一大批机关干部，培养了一大批农村人才，进一步密切了党群干群关系。

三是形成了全社会合力扶贫攻坚的局面。东西部扶贫协作，促进了西部地区脱贫攻坚和区域协调发展。定点扶贫畅通了党政军机关特别是中央和国家机关了解农村与贫困地区的渠道，推进了作风转变和干部培养。贫困人口发挥主体作用，提高了自我发展能力。社会各界广泛参与脱贫攻坚，弘扬了中华民族扶贫济困、守望相助的优良传统，营造了向上向善的社会氛围，彰显了社会主义核心价值观。

四是建立了中国特色脱贫攻坚制度体系。加强党对脱贫攻坚工作的全面领导，建立了各负其责、各司其职的责任体系，精准识别、精准脱贫的工作体系，上下联动、统一协调的政策体系，保障资金、强化人力的投入体系，因地制宜、因村因户因人施策的帮扶体系，广泛参与、合力攻坚的社会动员体系，多渠道全方位的监督体系和最严格的考核评估体系，为脱贫攻坚提供了有力制度保障。

在脱贫攻坚的伟大实践中，积累了许多宝贵经验，主要包括以下几个方面：一是坚持党的领导，强化组织保证；二是坚持精准方略，提高脱贫实效；三是坚持加大投入，强化资金支持；四是坚持社会动员，凝聚各方力量；五是坚持从严要求，促进真抓实干；六是坚持群众主体，激发内生动力。这些宝贵的经验要在未来工作中长期坚持并不断完善和发展。脱贫攻坚的伟大成就，为实施乡村振兴战略奠定了基础，为全球减贫事业贡献了中国智慧和中国方案。在全球仍有7亿多极端贫困人口、许多国家贫富分化加剧的背景下，我国脱贫攻坚的成就显得更加亮眼，显著提升了我国的软实力，彰显了中国共产党领导的政治优势和社会主义制度优势，更加坚定了"四个自信"。

当然，脱贫攻坚任务艰巨而复杂，不是轻轻松松、敲锣打鼓就能实现的。减贫的一般规律是越往后成本越高、难度越大、见效越慢，当前我们所面对的都是贫中之贫、困中之困、坚中之坚。深度贫困地区生产生活条件恶劣、致贫原因复杂，贫困村缺乏领路人、带头人，无人干事、不会办事的情况比较普遍，许多贫困群众语言不通、思路不通、观念不通，如期全部脱贫难度是空前的。但党中央公开的承诺一定要确保兑现，必须始终保持打攻坚战的状态。

第二节　健全精准扶贫工作机制

打好精准脱贫攻坚战，关键在精准。要想做到精准，必须进行体制机制创新，健全精准扶贫工作机制，真正解决好扶持谁、谁来扶、怎么扶、怎么退等问题。

一、精准识别：着力解决"扶持谁"的问题

精准扶贫、精准脱贫，关键在准，重在实效。准确识别贫困人口，搞清贫困程度，找准致贫原因，是精准扶贫的第一步。在此基础上准确掌握贫困人口规模、分布情况、居住条件、就业渠道、收入来源等，方可精准施策、精准管理。精确识别是精准扶贫的重要前提。扶贫工作要到村、到户，首先要了解哪一村贫、哪一户穷，摸清底数、建档立卡，打好精准扶贫的"第一战役"。

以前没有建档立卡，只能通过抽样调查推算分省贫困人口总量，各类帮扶措施无法做到到村、到户、到人。2014 年，在全国范围

"回头看"再次核准贫困人口 　　　　　　　　　（新华社发　罗星汉／摄）

逐村逐户开展贫困识别，对识别出的 12.8 万个贫困村、2948 万贫困户、8962 万贫困人口建档立卡，基本摸清了我国贫困人口分布、致贫原因、脱贫需求等信息，建立起了全国统一的扶贫开发信息系统。建档立卡后，要对建档立卡贫困户做好动态监测管理。按照脱贫出、返贫进的原则，以年度为节点，以脱贫目标为依据，逐村逐户建立贫困帮扶档案，及时进行数据更新，做到有进有出、逐年更新、分级管理、动态监测。经过 2015 年、2016 年的"回头看"和 2017 年、2018 年的动态调整，目前建档立卡贫困户识别准确率进一步提升。建档立卡与动态监测管理，为中央制定精准扶贫政策措施、实行最严格考核评估制度和保证脱贫质量打下了坚实基础。

二、精准帮扶：着力解决"谁来扶"的问题

推进脱贫攻坚，要更好地发挥政府的作用，关键是责任落实到人。从中央到地方，各级党政领导干部要将脱贫攻坚的责任落到实处。加快形成中央统筹、省（自治区、直辖市）负总责、市（地）县抓落实的扶贫开发工作机制，做到分工明确、责任清晰、任务到人、考核到位，既各司其职、各尽其责，又协调运转、协同发力。

要在选派贫困村第一书记上下功夫，确保"因村派人精准"。"农村富不富，关键在支部"，选派优秀干部到贫困村担任第一书记，夯实农村基层基础，对改变农村贫困面貌、带领贫困人口脱贫致富至关重要。第一书记人选，可以从优秀大学生村官、创业致富能手、复退军人、返乡农民工或各级机关优秀年轻干部、后备干部和国有

企事业单位优秀人员中选派。同时，对种养业能手、农村经纪人、专业技术人才、知识型人才给予项目、技术、信息、资金等扶持，精准培育农村致富带头人，发挥"领头羊"作用，带动贫困户致富。

三、精准施策：着力解决"怎么扶"的问题

要精准帮扶，确保扶贫措施落实到户。针对扶贫对象的贫困情况和致贫原因，制定具体帮扶方案，分类确定帮扶措施，确保帮扶措施和效果落实到户、到人。要从国家扶贫政策和贫困地区实际情况出发，帮助贫困人口理清发展思路，制定符合发展实际的扶贫规划，明确工作重点和具体措施，并落实严格的责任制，做到不脱贫不脱钩。

要按照贫困地区和贫困人口的具体情况，实施"五个一批"工程，解决好"怎么扶"的问题。一是发展生产脱贫一批。对贫困人口中有劳动能力、有耕地或其他资源，但缺少资金来源、缺少产业支撑、缺少专业技能的，要立足当地资源，因地制宜，实现就地脱贫。二是易地搬迁脱贫一批。对生存条件恶劣、自然灾害频发的地区，通水、通路、通电等成本很高，贫困人口很难实现就地脱贫，要在坚持群众自愿的前提下，实施易地搬迁。三是生态补偿脱贫一批。对生存条件差但生态系统重要、需要保护修复的地区，结合生态环境保护和治理，通过建立生态补偿机制，帮助贫困地区和贫困人口脱贫。四是发展教育脱贫一批。授人以鱼，不如授人以渔。治贫先治愚，扶贫先扶智，让贫困地区的孩子们接受良好教育，是扶贫开发的重要任务，也是阻断贫困代际传递的治本之策。国家教育经费要继续向贫困地区倾斜、向基础教育倾斜、向职业教育倾斜。

五是社会保障兜底一批。对贫困人口中完全或部分丧失劳动能力的人，由社会保障来兜底。

四、精准考核：着力解决"如何退"的问题

精准扶贫，目的在于精准脱贫。已脱贫的农户精准有序退出也是非常重要的环节。要建立贫困户脱贫和贫困县摘帽评估机制，明确退出标准、程序、核查办法和后续扶持政策。对贫困县摘帽、贫困人口退出组织第三方评估，重点了解贫困人口识别和退出准确率、群众满意度等，确保脱贫结果真实。

对贫困县而言，一是要设定与全面建成小康社会进程相协同的时间表，早建机制、早作规划，实现有序退出；二是在政策上为其留出一定的缓冲期，进一步培育和巩固自我发展的能力，防止出现大量返贫；三是实行严格评估，按照标准验收，明确摘帽标准和程序，增强脱贫工作绩效的可信度。

对贫困户而言，要实行逐户销号，脱贫到人。要对建档立卡的贫困户实行动态管理，脱贫了就销号，返贫户重新建档，做到有进有出，客观真实，群众认可。对已经脱贫销号的家庭，也要追踪观察一段时间，政策上有一定缓冲，做到不稳定脱贫就不彻底脱钩。

第三节　创新扶贫开发方式

党的十八大以来，各地在摸清贫困底数的基础上，从致贫原因出发，因地制宜、因人施策，实施发展产业扶贫、转移就业扶贫、

易地搬迁扶贫、生态保护扶贫、资产收益扶贫、教育扶贫、健康扶贫、兜底保障等领域政策与工程，不断创新扶贫开发模式，积极探索和拓展脱贫攻坚的有效途径。

一、特色产业扶贫

支持贫困县建成一批对贫困户脱贫带动能力强的特色产品加工、服务基地，贫困乡镇、贫困村特色产业增加值显著提升，贫困户自我发展能力明显增强。实施乡村旅游扶贫工程，开展乡村环境综合整治专项行动、旅游规划扶贫公益专项行动、乡村旅游后备箱和旅游电商推进专项行动、万企万村帮扶专项行动、百万乡村旅游创客专项行动、金融支持旅游扶贫专项行动、旅游扶贫模式创新推广专

山村土屋走出旅游扶贫路 　　　　　　　　　　（新华社记者　万象 / 摄）

项行动、旅游扶贫人才素质提升专项行动等八大行动。大力发展电商扶贫，引导大型电商企业和电商平台针对贫困地区开辟"原产地直采＋自营"等农产品上行绿色通道，扶持注册地为贫困县的网上商店。采取以奖代补、政府购买服务等方式，扶持贫困村电商服务站点建设、电商扶贫示范网店建设、电商扶贫人才培养、县乡村农村物流配送体系、仓储配送中心建设。支持贫困村青年、妇女、残疾人依托电子商务就业创业，实施农村青年电商培育工程。

二、就业扶贫

各级政府通过不断完善就业服务制度，加强就业平台和信息化建设，为贫困地区农村富余劳动力免费提供职业指导、职业介绍、岗位信息等基本公共就业服务。贫困地区各级政府将劳务协作作为就业扶贫的重点内容，建立健全劳务协作和对接机制，积极推动经济发达地区与劳动力资源丰富的地区建立劳务协作，带动农村劳动力转移就业。东西部扶贫协作省市建立定期联系制度，促进贫困劳动力与企业精准对接，帮助贫困劳动力实现就业和稳定就业。采取措施强化技能培训，扶持返乡创业，维护就业权益。

三、易地搬迁扶贫

制定专项规划和措施，大幅度加大资金投入，确保建档立卡搬迁人口住房建设。按照"规模适宜、功能合理、经济安全、环境整洁、宜居宜业"的原则，建设安置区（点）配套基础设施。按照"缺什么补什么"和"适当留有余地"的原则，建设和发展搬迁人口基本公共服务设施。各地立足安置区资源禀赋，根据不同搬迁安置方式，统筹整合财政专项扶贫资金和相关涉农资金，发展扶贫产业就业，多种方式实现搬迁群众稳定脱贫。

[案 例]

三宝乡"搬出来"的幸福

三宝乡是贵州省晴隆县的彝族乡，海拔 1840 米，境内山高、坡陡、谷深，道路曲折蜿蜒，生态环境脆弱，人地矛盾突出，村民生活非常艰苦。全乡 1243 户 5853 人，彝族占总人口的 26.4%，人均耕地面积只有 0.92 亩。全乡建档立卡贫困户有 485 户 2378 人，贫困发生率达 57.9%，是贵州省 20 个极贫乡镇之一。

作为一方水土养不起一方人的典型地区，经当地党委、政府研究，三宝乡决胜脱贫攻坚唯一的可行路径是整乡搬迁。但故土难离，要将全乡 1243 户 5853 人搬出来谈何容易。为做好搬迁工作，贵州省、州、县、乡四级共同发力。晴隆县以青年夜校、党员干部会等为载体，组建务工点工作队、党员干部攻坚队、亲情动员队三支队伍，坚持与群众同吃、同住、同劳动、同学习，零距离为群众"解疙瘩"、谋出路，把易地扶贫搬迁好政策宣传到家家户户。同时，做好安置点的住房及配套基础设施、公共服务设施、产业园区项目等建设。抓好迁出地种养产业、保障群众入股分红等工作。经过细致的工作和统筹安排，2018年春节后，三宝乡的第一批266户1182人陆续搬到了县城的集中安置点"阿妹戚托小镇"，其中有劳动力的572人已实现就业464人。8月底，第二批161户802人也搬了出来，开始了他们幸福的新生活。

三宝乡群众能够搬得出、稳得住、能发展，一是因为当地各级政府工作细致，群众了解政策，有好的预期；二是安置点配套设施齐全，能很好地解决住房、就学等问题；三是考虑长远，不仅考虑迁出地的利益分配，也考虑了群众到安置点后的就业发展问题。

四、生态扶贫

国家重大生态工程政策向贫困地区倾斜，在内蒙古等八省区实施草原生态保护补助奖励，在河北等五省实施草畜平衡奖励。按照"谁受益、谁补偿"原则，在贫困地区开展了生态综合补偿试点。健全各级财政森林生态效益补偿标准动态调整机制。提高国有、集体和个人的国家级公益林补偿标准。鼓励获益地区与保护地区建立横向补偿机制，探索碳汇交易等市场化补偿机制。实施生态公益岗位脱贫行动，通过购买服务、专项补助等方式，利用生态补偿和生态保护工程资金使当地有劳动能力的部分建档立卡贫困人口转变为护林员、草管员、护渔员、护堤员等生态保护人员。

五、教育扶贫

实施学前教育三年行动计划和资助政策，改善农村义务教育薄弱学校基本办学条件，推进乡村教师队伍建设，实施面向贫困地区定向招生专项计划。继续实施农村义务教育学生营养改善计划，建立起覆盖学前教育到研究生教育各个学段的学生资助政策体系，促进教育公平和社会公平。加快民族教育发展。

六、健康扶贫

建立农村贫困人口医疗兜底保障机制，提高基本医疗保险补助标准和报销比例，大病保险和医疗救助制度防大病、兜底线作用进一步增强。推动医疗资源向贫困地区流动，协调安排全国889家三级医院对口帮扶所有贫困县的1149家县级医院，近万名城市三级医院医生在贫困县县级医院进行蹲点帮扶。启动实施助理全科医生培训，支持中西部地区和东部贫困地区招收助理全科医生，进一步解决贫困地区人才短缺、技术薄弱等问题。加强村级卫生服务体系建设。组织对建档立卡农村贫困人口进行全面摸底调查，逐户、逐人、逐病核实核准农村贫困人口患病情况，建立了健康扶贫管理数据库。组织对大病和慢性病贫困患者进行"三个一批"（实施大病集中救治一批、慢病签约服务管理一批、重病兜底保障一批）分类救治。

七、资产收益扶贫

资产收益在扶贫工作中日益发挥重要作用。一是支持贫困地区在不改变用途的情况下，将财政专项扶贫资金和其他涉农资金投入设施农业、养殖、乡村旅游等项目形成的资产折股量化给贫困村和贫困户，尤其是丧失劳动能力的贫困户，帮助其增加财产性收入。二是鼓励和引导贫困户将已确权登记的土地承包经营权入股企业、合作社、家庭农（林）场，分享经营收益。积极推进农村集体资产、集体所有的土地等资产资源使用权作价入股，形成集体股权并按比例量化到农村集体经济组织，分红收益主要用于村内公益项目建设和扶贫开发。三是实施光伏扶贫工程。采取村级光伏电站或集中式光伏电站方式，保障每位扶贫对象（重点是无劳动能力贫困户）户均年收益达到3000元以上。四是开展水电矿产资源开发扶贫试点。创新贫困地区水电、矿产资源开发占用农村集体土地补偿方式，将入股分红作为征地补偿的新方式。合理确定以土地补偿费量化入股的农村集体土地数量、类型和范围，将核定的土地补偿费作为资产入股试点项目，形成集体股权。农村集体经济组织为股权持有者，

荒山变"伏"地　扶贫惠百姓　　　　　　　　　　　（新华社记者　刘潇/摄）

其成员为集体股权受益主体，建档立卡贫困户为优先受益对象。

八、社会保障兜底

在最低生活保障兜底方面，在低保对象认定中将建档立卡贫困人口作为重点，及时将符合条件的纳入农村低保，实施政策性兜底保障。进一步推进农村最低生活保障制度与扶贫开发政策有效衔接，从政策、对象、标准、管理等方面加强制度衔接，强化兜底脱贫。推进农村低保规范化管理，进一步加强和改进最低生活保障工作，对低保家庭中的残疾人、老人、未成年人等重点救助对象增发低保金，提高救助水平。加强残疾人社会救助工作，将生活困难、靠家庭供养且无法单独立户的成年无业重度残疾人按照单人户纳入农村低保范围。确保特困人员救助供养，完善临时救助制度。

第四节　完善脱贫攻坚支撑体系

打好精准脱贫攻坚战，需要加强顶层设计，创新扶贫体制机制，推进四梁八柱建设，建立脱贫攻坚责任、政策、投入、动员、监督和考核体系，完善脱贫攻坚的支撑体系。

一、建立脱贫攻坚责任体系

加强党对脱贫攻坚的全面领导，实行中央统筹、省负总责、市县抓落实的管理体制。中西部 22 个省份党政主要负责同志向中央签署脱贫攻坚责任书，立下军令状，省市县乡村五级书记一起抓，层层落实脱贫攻坚责任。贫困县党委和政府承担脱贫攻坚主体责任，党政一把手攻坚期内保持稳定。

二、建立脱贫攻坚政策体系

为落实中共中央、国务院《关于打赢脱贫攻坚战的决定》，国务院制定实施《"十三五"脱贫攻坚规划》，中央办公厅、国务院办公厅出台 13 个配套文件，中央各部门和各地区相继出台和完善"1+N"的脱贫攻坚政策举措，打出政策组合拳，扶贫领域很多"老大难"问题都有了针对性措施。不断强化脱贫攻坚的支撑体系，加大脱贫攻坚的政策倾斜。

三、建立脱贫攻坚投入体系

不断加大资金投入，保障脱贫攻坚各项政策落实。一是不断加大各级财政专项扶贫资金的投入。党的十八大以来，中央财政专项扶贫资金年均增长 20% 以上，2018 年达到 1061 亿元；省级财政专项扶贫资金年均增长 30% 以上，市县财政专项扶贫资金大幅度增长，省和市县财政专项扶贫资金 2018 年都将超过 1000 亿元。2016—2018 年，共安排地方政府债务资金 2200 亿元用于脱贫攻坚。二是吸引、引导更多的金融资金、社会资金投入到脱贫攻坚工作中来。党的十八大以来，安排易地扶贫搬迁专项贷款 1700 多亿元，扶贫小额信贷累计发放 4437 亿元，扶贫再贷款累计发放 1600 多亿元。证券业、保险业、土地政策支持力度也不断加大，贫困地区建设用地增减挂钩节余指标流转累计收益 590 多亿元。三是提高贫困县扶贫资金项目审批权限，增强县里统筹使用的自主权，让"打酱油的钱可以买醋"。

四、建立社会动员体系

发挥社会主义制度集中力量办大事的优势，动员各方面力量合力攻坚。一是加强东西部扶贫协作，调整完善结对关系。组织 342 个东部经济较发达县（市、区）与西部 573 个贫困县实施"携手奔小康"行动。二是加强机关定点扶贫，目前中央层面共有 310 个单位帮扶 592 个贫困县，地方各级党政机关、国有企事业单位都开展了定点扶贫。三是加强军队和武警部队扶贫，目前全军和武警部队已在地方建立了 2.6 万多个扶贫联系点。四是动员民营企业、社会组织、公民个人参与社会扶贫。目前全国有 4.6 万家民营企业参与"万企帮万村"精准扶贫行动，结对帮扶 3.36 万个贫困村。同时，加大宣传表彰力度，营造良好社会氛围。每年组织好扶贫日系列活动，表彰全国脱贫攻坚模范，总结推广一批精准扶贫精准脱贫成功案例。建设"中国社会扶贫网"，着力构建社会扶贫"人人皆愿为、人人皆可为、人人皆能为"的参与机制。

五、建立脱贫攻坚监督体系

把全面从严治党要求贯穿脱贫攻坚全过程各环节。国务院扶贫开发领导小组对各地开展脱贫攻坚督查巡查。中央巡视把脱贫攻坚作为重要内容。八个民主党派中央分别对口八个中西部省区，开展脱贫攻坚民主监督。国务院扶贫办设立"12317"全国扶贫监督举报电话，配合人大、政协、民主党派、纪检监察、审计、检察开展监督工作，接受社会和媒体监督，把各方面的监督结果运用到考核评估和督查巡查中。全面加强扶贫资金项目监管，违纪违规问题明显减少。

六、建立脱贫攻坚考核体系

出台省级党委和政府扶贫开发工作成效考核办法、东西部扶贫协作考核办法、中央单位定点扶贫考核办法，组织省际间交叉考核、第三方评估、财政扶贫资金绩效评价和媒体暗访，实行最严格的考核制度。2016年，组织对2015年省级党委和政府扶贫开发工作成效开展试考核，约谈了2个省；2017年，组织对2016年扶贫成效开展第一次正式考核，约谈了8个省区；2018年，组织对2017年扶贫成效开展第二次正式考核，约谈了4个省区，有力地促进了全国脱贫攻坚工作。同时，组织第三方对中央和国家机关落实《关于打赢脱贫攻坚战的决定》政策措施情况开展评估。通过考核激励先进，发现解决问题，有效推进工作。

第五节　供需两侧齐发力破解深度贫困

脱贫攻坚本来就是一场硬仗，而深度贫困地区脱贫攻坚是这场硬仗中的硬仗。解决深度贫困问题，必须以解决突出制约问题为重点，坚持从供给侧与需求侧同时发力，聚焦精准发力，攻克坚中之坚，确保深度贫困地区和贫困群众同全国人民一道进入全面小康社会。

一、深化对深度贫困问题复杂性艰巨性的认识

党的十八大以来，脱贫攻坚取得决定性进展。农村贫困人口从 2012 年底的 9899 万人减少至 2017 年底的 3046 万人。剩下的贫困人口主要分布在深度贫困地区，成为"贫中之贫，困中之困"。

深度贫困地区的共同特征决定了脱贫任务完成的复杂性艰巨性。一是深度贫困地区主要集中在革命老区、民族地区、边疆地区。在

云南怒江傈僳族自治州大型公路跨江桥　　　　　　　（新华社记者　胡超／摄）

这些地区，自然地理、经济、民族、宗教、国防等问题交织交融。二是基础设施严重滞后，道路、危房等修缮或重建任务重。三是教育落后，社会文明程度低。四是生态环境脆弱，生存环境恶劣，生态保护同经济发展之间的矛盾较为突出。五是经济发展落差巨大，产业发展难度大。六是基本公共服务严重落后于全国平均水平。

从多维贫困视角出发，深度贫困地区贫困人群的基本特征表现为"贫困程度深且长期陷于贫困状态"。"贫困程度深"指的不仅是物质匮乏，深度贫困人口在投资理财意识、教育机会、饮水卫生及健康、社会资本、社会排斥等能力指标上也都落后于平均水平。"长期陷于贫困状态"指的是无力摆脱目前的匮乏处境，即使暂时脱离了贫困状态也很容易返贫；同时由于生活方式、行为规范、价值观念体系等"亚文化"的影响，贫困人群的后代极易陷于贫困，表现出明显的代际传递特征。

二、聚焦深度贫困地区脱贫要从供给侧精准发力

解决深度贫困地区脱贫问题，要在"造血"上下大功夫，从供给侧精准发力。

一是坚持既定脱贫目标不动摇。2017年6月，习近平总书记在深度贫困地区脱贫攻坚座谈会上指出："要实事求是，不要好高骛远，不要吊高各方面胃口。"深度贫困地区的脱贫目标要与党中央对2020年脱贫攻坚的目标保持一致，在脱贫目标考核上，不能搞层层加码。

《在深度贫困地区脱贫攻坚座谈会上的讲话》

二是完善政策顶层设计、抓好精准落地。

2017年11月，中共中央办公厅、国务院办公厅印发《关于支持深度贫困地区脱贫攻坚的实施意见》，对深度贫困地区脱贫攻坚工作作出全面部署。2018年1月，中共中央、国务院《关于实施乡村振兴战略的意见》强调，激发深度贫困人口内生动力，实现可持续稳固脱贫。政策的顶层设计已经完成，关键是要抓好落实，确保每一项措施精准落地，尽快提高精准脱贫效益。

三是更充分发挥好政治制度优势。打好打赢深度贫困地区脱贫攻坚战，必须始终坚持党对脱贫攻坚的领导，充分发挥中国特色社会主义政治制度的巨大优势，集中优势兵力打攻坚战。各级党委要坚持把脱贫攻坚作为头等大事和第一民生工程。要发挥检查督查制度的利器作用，实施最严格的考核评估制度。集中力量重点解决深度贫困地区的基础设施、公共服务以及基本医疗保障的问题。

四是坚持精准扶贫与区域发展相结合。区域发展是解决深度贫困地区深度贫困问题和精准扶贫的基础性条件，精准扶贫要与区域发展相结合。要重点发展贫困人口能够受益的产业，交通建设项目要尽量向进村入户倾斜，水利工程项目要向贫困村和小型农业生产倾斜，生态保护项目要提高贫困人口参与度和受益水平。

五是确保超常规举措落到实处。在新增资金、新增项目、新增举措、惠民项目、涉农资金整合、财政转移支付、金融投入、资本市场、保险机构、建设用地指标等方面，切实加大对深度贫困地区投入支持力度的政策倾斜。同时，注意更广泛动员民营经济、社会组织、公民个人等社会帮扶力量更多投入深度贫困地区，解决深度贫困问题。

六是加强深度贫困地区特殊贫困群体关爱服务体系建设。全面建成小康社会，一个民族、一个家庭、一个人都不能少。留守儿童、妇女、老人和残疾人是深度贫困地区贫困人口中的特困群体，是检验精准扶贫效果、精准脱贫稳定性可持续性的标志。攻克深度贫困地区脱贫任务，必须建立完善特殊贫困群体的关爱服务体系。

三、在需求侧切实解决深度贫困群体生活困难

解决深度贫困问题，要坚持从供给侧和需求侧同时发力。在立足于"造血"的基础上，针对贫困群体的迫切需要，精准发力，切实解决他们的生活困难。

一是深入实施健康扶贫工程。将贫困人口全部纳入城乡居民基本医疗保险、大病保险和医疗救助保障范围。落实贫困人口参加城乡居民基本医疗保险个人缴费财政补贴政策，实施扶贫医疗救助。切实降低贫困人口就医负担。加强贫困地区乡镇卫生院和村卫生室能力建设。加强对贫困地区慢性病、常见病的防治，开展地方病和重大传染病攻坚行动，降低因病致贫返贫风险。

二是加快推进农村危房改造。明确农村危房改造基本安全要求，保证正常使用安全和基本使用功能。因地制宜推广农房加固改造，结合地方实际推广现代生土农房等改良型传统民居，鼓励通过闲置农房置换或长期租赁等方式，兜底解决特殊贫困群体基本住房安全问题。落实各级补助资金，完善分类分级补助标准。

三是强化综合保障性扶贫。统筹各类保障措施，建立以社会保险、社会救助、社会福利制度为主体，以社会帮扶、社工助力为辅助的综合保障体系，为完全丧失劳动能力和部分丧失劳动能力且无法依靠产业就业帮扶脱贫的贫困人口提供兜底保障。完善城乡居民基本养老保险制度，对符合条件的贫困人口由地方政府代缴城乡居

民养老保险费。继续实施社会服务兜底工程，加快建设为老年人、残疾人、精神障碍患者等特殊群体提供服务的设施。完善农村低保制度，将完全丧失劳动能力和部分丧失劳动能力且无法依靠产业就业帮扶脱贫的贫困人口纳入低保范围。加大临时救助力度，将符合条件的返贫人口纳入救助范围。

四是着力实施教育脱贫攻坚行动。发展多层次教育，阻断贫困代际传递。落实好教育部、国务院扶贫办出台的《深度贫困地区教育脱贫攻坚实施方案（2018—2020年)》，以"三区三州"为重点，以补齐教育短板为突破口，以解决瓶颈制约为方向，充分调动各方面积极性、主动性和创造性，采取超常规举措，推动教育新增资金、新增项目、新增举措进一步向"三区三州"倾斜，切实打好深度贫困地区教育脱贫攻坚战。

五是开展贫困残疾人脱贫行动。将符合条件的建档立卡贫困残疾人纳入农村低保和城乡医疗救助范围。完善困难残疾人生活补贴和重度残疾人护理补贴制度。对16周岁以上有长期照料护理需求的贫困重度残疾人，符合特困人员救助供养条件的纳入特困人员救助供养；不符合救助供养条件的，鼓励地方通过政府补贴、购买服务、设立公益岗位、集中托养等多种方式，为贫困重度残疾人提供集中照料或日间照料、邻里照护服务。

◆◇ 本章小结 ◇◆

消除贫困、改善民生、实现共同富裕，是社会主义的本质要求。决胜全面建成小康社会，最艰巨最繁重的任务在农村，特别是在贫困地区。打好精准脱贫攻坚战，是保障全体人民共享改革发展成果、实现共同富裕的重大举措，是体现中国特色社会主义制度优越性的重要标志。打好精准脱贫攻坚战，要进一步明确健全精准扶贫工作机制，着力解决"扶持谁""谁来扶""怎么扶""如何退"的问题；要不断创新扶贫开发方式，积极探索和拓展脱贫攻坚的有效途径；要进一步完善脱贫攻坚支撑体系，建立责任体系、政策体系、投入体系、社会动员体系、监督体系和考核体系；要从供给侧和需求侧同时发力，破解深度贫困难题。

【思考题】

1. 精准脱贫关键在于精准，脱贫攻坚如何实现精准？

2. 精准脱贫离不开扶贫方式的创新，地方政府应如何做好扶贫方式创新？

3. 深度贫困地区脱贫存在哪些困难？推进深度贫困地区脱贫需要重点从哪些方面发力？

第六章
坚决打好污染防治攻坚战

努力建设美丽中国，实现中华民族永续发展，是党的十八大以来以习近平同志为核心的党中央提出的面向新时代的新目标、新战略，也是在新历史条件下需要应对与解决的新挑战和新任务。全面加强生态环境保护，坚决打好污染防治攻坚战，是当前生态文明建设的重要内容，也是决胜全面建成小康社会的重要保障。

第一节　打好污染防治攻坚战的意义

我国生态文明建设和生态环境保护面临许多困难和挑战，环境污染已经成为经济社会可持续发展的瓶颈制约，成为决胜全面建成小康社会的明显短板。打好污染防治攻坚战具有十分重要的现实意义。

一、提出打好污染防治攻坚战的重要背景

党的十八大以来，生态文明建设和生态环境保护从实践到认识发生了历史性、转折性、全局性变化。各地区各部门认真贯彻落实党中央、国务院决策部署，生态文明建设和生态环境保护制度体系加快形成，全面节约资源有效推进，大气、水、土壤污染防治行动计划深入实施，生态系统保护和修复重大工程进展顺利，核与辐射安全得到有效保障，生态文明建设成效显著，美丽中国建设迈出重要步伐，我国成为全球生态文明建设的重要参与者、贡献者、引领者。

《携手构建合作共赢、公平合理的气候变化治理机制》

同时，我国生态文明建设和生态环境保护还面临不少困难和挑战，存在许多不足：一些地方和部门对生态环境保护认识不到位，责任落实不到位，经济社会发展同生态环境保护的矛盾仍然突出，资源环境承载能力已经达到或接近上限；城乡区域统筹不够，新老环境问题交织，区域性、结构性环境风险凸显，重污染天气、黑臭水体、垃圾围城、生态破坏等问题时有发生。这些问题成为严重的民生之患、民心之痛。

进入新时代，解决人民日益增长的美好生活需要和不平衡不充分的发展之间的矛盾对生态环境保护提出许多新要求。必须加大力度、加快治理、加紧攻坚，打赢污染防治攻坚战，为人民创造良好生产生活环境。

二、深刻认识打好污染防治攻坚战的重大意义

2018 年 5 月，习近平总书记在全国生态环境保护大会上指出：

总体上看，我国生态环境质量持续好转，出现了稳中向好的趋势，但成效并不稳固。生态文明建设正处于压力叠加、负重前行的关键期，已进入提供更多优质生态产品以满足人民日益增长的优美生态环境需要的攻坚期，也到了有条件有能力解决生态环境突出问题的窗口期。我国经济已由高速增长阶段转向高质量发展阶段，亟待跨越一些常规性和非常规性关口。我们仍然需要进一步提高对打好污染防治攻坚战重大意义的认识程度。

首先，打好污染防治攻坚战是确保中华文明传承的重要前提。习近平同志在 2003 年就提出"生态兴则文明兴"的重大论断。党的十九大明确提出"建设生态文明是中华民族永续发展的千年大计"。在世界历史上，很多伟大文明的衰退和消亡实际上都和环境条件的恶化有关，中华文明能传承至今与"天人合一"的环境观有着密切内在联系。因此，打好污染防治攻坚战不是单纯的环境治理问题，对中华文明的永续传承与发展也具有重要的现实与历史意义。

其次，打好污染防治攻坚战是解决社会主要矛盾的重要保障。党的十九大强调，中国特色社会主义进入新时代，我国社会主要矛盾已经转化为人民日益增长的美好生活需要和不平衡不充分的发展之间的矛盾。在人民日益增长的美好生活需要中，更清新的空气、更美丽的环境、更安全的水源是基本组成部分。打好污染防治攻坚战、保持良好的生态环境是解决社会主要矛盾的重要保障。

再次，打好污染防治攻坚战是转变经济发展方式的必然要求。党的十八大以来，经济发展进入新常态，支撑经济高速增长的环境条件发生深刻变化，迫切需要贯彻新发展理念，推动经济发展方式转变。打好污染防治攻坚战，推进绿色发展，践行新发展理念，必将促进生态文明体制改革，调整优化产业结构，建立健全绿色低碳循环发展的经济体系，将绿色发展和生态环境内在化为经济社会持续健康发展的增长点、支撑点、发力点。环境治理与绿色发展将发挥承上启下的重要作用，也是转变经济发展方式的必然要求。

最后，打好污染防治攻坚战是推动生态文明建设的内在要求。从世界经济发展史来看，农业文明、工业文明都曾发挥重要作用，尤其是工业文明对过去两个世纪全球经济的快速发展产生了巨大的推动力。与此同时，工业文明也让人类社会付出了巨大环境代价。必须加强生态文明建设，实现生态文明、工业文明与农业文明的有机融合，实现可持续健康和谐发展。

三、污染防治攻坚战的阶段性进展及未来方向

近年来，在习近平生态文明思想的指导下，我国的污染治理和环境保护工作取得较大进展。2017 年《中国生态环境状况公报》显示，我国水污染、大气污染与固体废物污染防治都取得了较大成就。

水污染治理方面，全国地表水优良水质断面比例不断提升，Ⅰ～Ⅲ类水体比例达到 67.9%，劣Ⅴ类水体比例下降到 8.3%，大江大河干流水质稳步改善，97.7% 的地级及以上城市集中式饮用水水源完成保护区标志设置，93% 的省级及以上工业集聚区建成污水集中处理设施，新增工业集散区污水处理能力近 1000 万立方米/日，36 个重点城市建成区的黑臭水体已基本消除。

"河长制"守护绿水青山 　　　　　　　　　（新华社记者　徐昱 / 摄）

　　大气污染治理方面，蓝天保卫战成效显著。全国 338 个地级及以上城市可吸入颗粒物（PM_{10}）平均浓度比 2013 年下降 22.7%，京津冀、长三角、珠三角区域细颗粒物（$PM_{2.5}$）平均浓度比 2013 年分别下降 39.6%、34.3%、27.7%，北京市 $PM_{2.5}$ 平均浓度从 2013 年的 89.5 微克 / 立方米降至 58 微克 / 立方米，《大气污染防治行动计划》空气质量改善目标和重点工作任务全面完成。

　　固体污染治理方面，印发《禁止洋垃圾入境推进固体废物进口管理制度改革实施方案》，发布《进口废物管理目录》（2017 年）。开展打击进口废物加工利用行业环境违法行为专项行动和固体废物集散地专项整治行动，实现固体废物进口量同比下降 9.2%，其中限制类固体废物进口量同比下降 12%。城市生活垃圾无害化处理能力达到 63.8 万吨 / 日，无害化处理率达 97.14%；农村生活垃圾得到处理的行政村比例达 74%。

我国的污染治理已经取得了初步成效，但是污染问题仍然突出，未来需要继续做好以下几个方面工作：一是建立以保障人体健康为核心、以改善环境质量为目标、以防控环境风险为基线的环境管理体系，健全跨区域污染防治协调机制，加快解决人民群众反映强烈的大气、水、土壤污染等突出环境问题。二是继续落实大气污染防治行动计划，逐渐消除重污染天气，切实改善大气环境质量。三是实施水污染防治行动计划。严格饮用水源保护，全面推进涵养区、源头区等水源地环境整治，加强供水全过程管理，确保饮用水安全；加强重点流域、区域、近岸海域水污染防治和良好湖泊生态环境保护，控制和规范淡水养殖，严格入河（湖、海）排污管理；推进地下水污染防治。四是实施土壤污染防治行动计划，以改善土壤环境质量为核心，以保障农产品质量和人居环境安全为出发点，优先保护耕地土壤环境，强化工业污染场地治理，开展土壤污染治理与修复试点。五是加强农业面源污染防治，加大种养业特别是规模化畜禽养殖污染防治力度，科学施用化肥、农药，推广节能环保型炉灶，净化农产品产地和农村居民生活环境。六是推进重金属污染治理。开展矿山地质环境恢复和综合治理，推进尾矿安全、环保存放，妥善处理处置矿渣等大宗固体废物。七是建立健全化学品、持久性有机污染物、危险废物等环境风险防范与应急管理工作机制。八是切实加强核设施运行监管，确保核安全万无一失。

第二节　打赢蓝天保卫战

空气污染问题已经连续几年成为全国两会关注的重要议题，如何留住蓝天白云已经成为党中央重点关注并迫切需要解决的重大问题之一。在 2014 年亚太经合组织欢迎宴会上，习近平主席指出："我希望全中国都能够蓝天常在、青山常在、绿水常在，让孩子们都生活在良好的生态环境之中，这也是中国梦中很重要的内容。"打赢蓝天保卫战，是决胜全面建成小康社会的重要内容。

一、蓝天保卫战的提出

蓝天保卫战分为两大阶段：第一个阶段是治理雾霾阶段，即要先把越来越多的雾霾天变成蓝天，第二个阶段是保持蓝天状态。针对第一阶段的治理雾霾和空气污染战役，早在 2013 年 9 月，在习近平总书记的亲自部署下，国务院发布实施了《大气污染防治行动计划》，提出狠抓重点行业提标改造、大力推进燃煤污染治理、加快推进机动车污染防治等一系列措施，目的就是为了有更多的蓝天，解群众的"心肺之患"。此后，在京津冀、长三角、珠三角等重点区域，蓝天保卫战全面打响。2017 年 3 月，十二届全国人大五次会议明确提出，"坚决打好蓝天保卫战"。2017 年 8 月，国家发展改革委、环保部等 10 部门联合包括京津冀、山东、山西等共 6 省（市）政府，发布了《京津冀及周边地区 2017—2018 年秋冬季大气污染综合治理攻坚行动方案》以及攻坚行动强化督查方案、巡查方案、专项督察方案、量化问责规定、信息公开方案、宣传方案六个配套方案。2018

年 7 月，国务院印发《打赢蓝天保卫战三年行动计划》。

[知识链接]

空气污染的危害

世界卫生组织的环境空气质量数据库已纳入 108 个国家的 4300 多个城市（含中国 300 多个城市），是世界上最全面的环境空气污染数据库。其 2018 年发布的全球空气质量报告显示，空气污染在全球很多地区仍处于危险水平，全球每 10 个人中有 9 人呼吸的空气中含有高浓度污染物。2016 年，环境（室外）和室内空气污染导致全球 700 万人死亡。

报告称，空气污染是慢性非传染性疾病的关键风险因素，空气污染导致其中 24% 的成人死于心脏病，25% 的成人死于中风，43% 的成人死于慢性阻塞性肺病。对儿童而言，空气污染是肺炎的主要风险因素，而肺炎又是 5 岁以下儿童的首要死因。

二、蓝天保卫战的阶段性成效

在党中央统一部署、各级党委政府深入贯彻落实下，蓝天保卫战初见成效，全国城市平均空气质量明显好转。2017 年全国地级及以上城市 PM$_{10}$ 平均浓度比 2013 年下降 22.7%，京津冀、长三角、珠三角等重点区域 PM$_{2.5}$ 平均浓度分别比 2013 年下降 39.6%、34.3%、27.7%，珠三角区域 PM$_{2.5}$ 平均浓度连续三年达标。

蓝天保卫战在如此短的时间内取得明显成效，离不开党中央对环保问题的高度重视。2015 年 12 月，中央环保督察启动，率先在河北省开展督察试点。2016 年 7 月和 11 月、2017 年 4 月和 8 月分四批开展督察，实现了对 31 个省（区、市）全覆盖，各省也开展了省级环保督查。2017 年，环境保护部启动为期一年的大气污染防治强化督查工作，建立了京津冀及周边地区 6.2 万家"散乱污"企业、6.4 万台燃煤锅炉、8919 家错峰生产企业及清洁供暖改造等 4 本台账。截至 2018 年 2 月底，28 个督查组对 21 万个企业（点位）进行执法检查，发现各类涉气环境问题 3.6 万个，督办突出问题 2 万件。有效应对重污染天气，纳入应急预案的企业从 9000 多家增加到 5 万多家。这是国家层面直接组织的最大规模环保监察行动，对地方政府环保行为也起到了正向引导作用。

地方政府因地制宜、积极施策，为打赢蓝天保卫战作出了巨大努力。京津冀及周边地区清理整治涉气"散乱污"企业 6.2 万家，完成以气代煤、以电代煤年度工作任务，削减散煤消耗约 1000 万吨；落实清洁供暖价格政策，在 12 个城市开展首批北方地区冬季清洁取暖试点；实施工业企业采暖季错峰生产；天津、河北、山东环渤海港口煤炭集疏港全部改为铁路运输。河北省 2013—2017 年累计压缩钢铁产能超过 1.3 亿吨、压缩水泥产能 6718.5 万吨、压缩平板玻璃产能 6406 万重量箱。

三、打赢蓝天保卫战的重要举措

打赢蓝天保卫战，要认真落实党中央、国务院决策部署和全国生态环境保护大会要求，坚持新发展理念，坚持全民共治、源头防治、标本兼治，以京津冀及周边地区、长三角地区、汾渭平原等区域（以下称重点区域）为重点，持续开展大气污染防治行动，综合运用经济、法律、技术和必要的行政手段，大力调整优化产业结构、能源结构、运输结构和用地结构，强化区域联防联控，狠抓秋冬季污染治理，统筹兼顾、系统谋划、精准施策，实现环境效益、经济效益和社会效益多赢。

打赢蓝天保卫战，基础制度建设尤为关键。针对监管职能不清晰、法律法规不健全、部分监测不真实、执法体系不健全等问题，近几年我国在环境保护法律法规、监管体制、职能设置等方面加快改革，为打赢蓝天保卫战奠定了坚实基础。要高度重视健全法律法规体系，严格环境执法督察，加强基础制度建设。一是要完善法律法规标准体系。研究将 VOC_s（挥发性有机物）纳入环境保护税征收范围，制定排污许可管理条例、京津冀及周边地区大气污染防治条例，鼓励各地制定实施更严格的污染物排放标准。二是完善环境监测监控网络。加强环境空气质量监测，优化调整扩展国控环境空气质量监测站点，加强区县环境空气质量自动监测网络建设，强化重点污染源自动监控体系建设，加强移动源排放监管能力建设，强化监测数据质量控制。三是加大环境执法力度。坚持铁腕治污，从严处罚环境违法行为，强化排污者责任；创新环境监管方式，推广"双随机、一公开"等监管；严格环境执法检查，开展重点区域大气污染热点网格监管，加强环境执法。四是深入开展环境保护督察。将大气污染防治作为中央环保督察及其"回头看"的重要内容，并针对重点区域统筹安排专项督察，夯实地方政府及有关部门责任；针对大气污染防治工作不力、重污染天气频发、环境质量改善达不到进度要求甚至恶化的城市，开展机动式、点穴式专项督察，强化督察问责；全面开展省级环保督察，实现对地市督察全覆盖；建立完善排查、交办、核查、约谈、专项督察"五步法"监管机制。五是严格考核问责。将打赢蓝天保卫战年度和终期目标任务完成情况作为重要内容，纳入污染防治攻坚战成效考核，做好考核结果应用。对考核不合格或工作不力、责任不实、污染严重、问题突出的地区，由上级生态环境部门公开约谈当地政府主要负责人。六是构建全民行动格局。倡导全社会"同呼吸共奋斗"，动员社会各方力量，群防群治，打赢蓝天保卫战。

第三节　形成绿色发展方式和生活方式

坚持绿色发展，推进生态文明建设，必须从源头抓起，采取扎扎实实的举措，形成内生动力机制；必须坚定不移走绿色低碳循环发展之路，引导形成绿色发展方式和生活方式。

一、充分认识形成绿色生产方式和生活方式的重大意义

推动形成绿色发展方式和生活方式，是发展观的一场深刻革命。习近平总书记指出："要坚持和贯彻新发展理念，正确处理经济发展和生态环境保护的关系，像保护眼睛一样保护生态环境，像

对待生命一样对待生态环境，坚决摒弃损害甚至破坏生态环境的发展模式，坚决摒弃以牺牲生态环境换取一时一地经济增长的做法，让良好生态环境成为人民生活的增长点、成为经济社会持续健康发展的支撑点、成为展现我国良好形象的发力点，让中华大地天更蓝、山更绿、水更清、环境更优美。"

要充分认识形成绿色发展方式和生活方式的重要性、紧迫性、艰巨性，把推动形成绿色发展方式和生活方式摆在更加突出的位置。加快构建科学适度有序的国土空间布局体系、绿色循环低碳发展的产业体系、约束和激励并举的生态文明制度体系、政府企业公众共治的绿色行动体系，全方位、全地域、全过程开展生态环境保护建设。要坚持走绿色发展道路，使资源节约、环境友好成为主流的生产生活方式，使青山常在、清水长流、空气常新，让人民群众在良好生态环境中生产生活，为子孙后代留下可持续发展的"绿色银行"。

二、形成绿色发展方式和生活方式的重点任务

推动形成绿色发展方式和生活方式的核心是发展观念和生活观念的转变，关键是推进产业结构、空间结构、能源结构、消费方式的绿色转型。主要包括六项重点任务：

一要加快转变经济发展方式。根本改善生态环境状况，必须改变过多依赖增加物质资源消耗、过多依赖规模粗放扩张、过多依赖高能耗高排放产业的发展模式，把发展的基点放到创新上来，塑造更多依靠创新驱动、更多发挥先发优势的引领型发展。

二要加大环境污染综合治理。要以解决大气、水、土壤污染等

突出问题为重点，全面加强环境污染防治，持续实施大气污染防治行动计划，加强水污染防治，开展土壤污染治理和修复，加强农业面源污染治理，加大城乡环境综合整治力度。

三要加快推进生态保护修复。要坚持保护优先、自然恢复为主，深入实施山水林田湖草一体化生态保护和修复，开展大规模国土绿化行动，加快水土流失和荒漠化石漠化综合治理。

四要全面促进资源节约集约利用。要树立节约集约循环利用的资源观，用最少的资源环境代价取得最大的经济社会效益。促进能源绿色转型，推进能源生产和消费革命，构建清洁低碳、安全高效的能源体系，推进资源全面节约和循环利用，实施国家节水行动，降低能耗、物耗，实现生产系统和生活系统循环链接。

五要倡导推广绿色消费。生态文明建设同每个人息息相关，每

市民通过手机参与绿色照明知识竞赛　　　　　（新华社记者　宋为伟 / 摄）

个人都应该做践行者、推动者。要加强生态文明宣传教育，强化公民环境意识，推动形成节约适度、绿色低碳、文明健康的生活方式和消费模式，形成全社会共同参与的良好风尚。

六要完善生态文明制度体系。推动绿色发展，建设生态文明，重在建章立制，用最严格的制度、最严密的法治保护生态环境，健全自然资源资产管理体制，加强自然资源和生态环境监管，推进环境保护督察，落实生态环境损害赔偿制度，完善环境保护公众参与制度。

三、形成绿色发展方式和生活方式的共同参与机制

推动形成绿色发展方式和生活方式，需要政府、企业、社会共同参与，协同发力。

政府要加快发展观和政绩观的转变，使绿色发展成为全社会共同的发展目标，推动建立健全绿色、低碳、循环发展的经济体系。加快建立促进绿色生产和消费的法律制度和政策体系，实施能效和排放绩效"领跑者"制度，建立与国际接轨、适应我国国情的环保和能效标识认证制度，形成激励企业绿色生产和大众绿色生活的绿色资源、绿色能源、绿色金融、绿色财政、绿色税收、绿色科技政策体系。优化国土开发空间格局，抓紧完善主体功能区配套制度，按照主体功能定位，形成主要集聚经济和人口的城市化地区、主要提供农产品的农产品主产区、主要提供生态产品的生态功能区，对不同主体功能区实行优化开发、重点开发、限制开发、禁止开发的不同策略。

企业要加快形成绿色生产理念，成为生态文明建设过程中的重

要参与主体，建设资源节约型、环境友好型企业，走经济效益、生态效益与社会效益和谐统一的绿色发展之路。要树立节约集约、循环利用的资源观，以最少的资源环境代价实现最大的经济社会效益。要加快构建市场导向的绿色技术创新体系，促进绿色技术的研发、转化、推广，将绿色生产的理念贯穿生产全过程。实施绿色供应链管理，建立集绿色包装、绿色采购、绿色物流、绿色回收于一体的绿色流通体系。

媒体、社会组织和公众等其他社会主体要积极倡导和实施绿色消费革命，形成绿色共治的绿色行动体系。通过绿色消费，从需求侧变革倒逼供给侧实现绿色生产。强化公民环境意识，推动形成节约适度、绿色低碳、文明健康的生活方式，形成全社会共同参与的良好风尚。推动生活方式绿色转型，反对奢侈浪费和不合理消费，建设绿色家庭、绿色机关、绿色社区、绿色校园，使绿色生活成为每一个公民的责任，从自身做起，从自己的每一个行为做起，自觉为美丽中国建设作贡献。

第四节　加快生态保护与修复

生态保护与修复是影响国家生态安全全局的大事，是生态文明建设的重要内容，也是系统解决污染治理、实现生态系统健康发展的重大战略工程。习近平总书记指出，要坚持保护优先、自然恢复为主，实施山水林田湖草生态保护和修复工程，加大环境治理力度，改革环境治理基础制度，全面提升自然生态系统稳定性和生态服务功能，筑牢生态安全屏障。

一、 生态保护与修复是生态文明建设的重要内容

加强生态保护与修复，是时代赋予的重大任务，也是落实加快生态文明体制改革、建设美丽中国的重要举措。人类对大自然的伤害最终会伤及人类自身，只有遵循自然规律才能有效防止在开发利用自然上走弯路，只有加强生态保护与修复才能为发展创造更可持续的环境。

党的十九大指出，要实施重要生态系统保护和修复重大工程，优化生态安全屏障体系，构建生态廊道和生物多样性保护网络，提升生态系统质量和稳定性。过去几十年的经济高速增长同时也带来能源紧张、资源短缺、生态退化、环境恶化、灾害频发，清新空气、清洁水源、舒适环境成为稀缺的资源。只有保护和修复好森林、草原、湿地、湖泊、海洋等生态空间，才能提供更多优质生态产品，才能满足人民日益增长的生态环境需要，才能顺应人民群众对优美生态环境的新期待。加强生态保护与修复，切实改善生态环境质量，要严格源头预防、不欠新账，加快治理突出生态环境问题、多还旧账，深入实施山水林田湖草一体化生态保护和修复，让人民群众呼吸新鲜的空气，喝上干净的水，在良好的环境中生产生活。

二、 生态保护与修复的基本方针

加快生态保护与修复，要坚持节约优先、保护优先、自然恢复为主的基本方针。

一是在资源开发与节约中，把节约放在优先位置，以最少的资源消耗支撑经济社会持续发展。树立节约集约循环利用的资源观，

推动资源利用方式根本转变，加强全过程节约管理，大幅提高资源利用综合效益。严控新增建设用地，强化土地节约集约利用。强化矿产资源规划管控，严格分区管理、总量控制和开采准入制度，加强复合矿区开发的统筹协调。

二是在环境保护与发展中，把保护放在优先位置，在发展中保护、在保护中发展。生态环境保护的成败，归根结底取决于经济结构和经济发展方式。经济发展不应是对资源和生态环境的竭泽而渔，生态环境保护也不应是舍弃经济发展的缘木求鱼，而是要坚持经济社会发展与人口、资源、环境相协调，不断提高资源利用水平，加快构建绿色生产体系，大力增强全社会节约意识、环保意识、生态意识。保护生态环境就是保护生产力，改善生态环境就是发展生产力。树立绿水青山就是金山银山的理念，通过树立正确的发展观，让绿水青山充分发挥经济社会效益。

三是在生态保护与修复中，以自然恢复为主。要顺应自然规律，减少人为扰动，对自然资源的开发利用不超出生态阈值，确保生态环境自我恢复能力。生态保护和建设的重点由事后治理向事前保护转变、由人工干预为主向自然恢复为主转变，从源头上扭转生态恶化趋势。要实施重大生态修复工程，增加生态产品生产能力。对重点生态破坏地区实行顺应自然规律的封育、退耕还草还林等措施。因势利导改造渠化河道，重塑健康自然的弯曲河岸线，营造自然深潭浅滩和泛洪漫滩，为生物提供多样性环境。

三、生态保护与修复的重大工程

按照中央关于生态保护与修复的总体规划，在未来几年内，国家层面上的生态保护与修复集中在四大工程上。

第一，划定并严守生态保护红线重大工程。2018 年 6 月中共中央、国务院《关于全面加强生态环境保护 坚决打好污染防治攻坚战的意见》明确提出，要按照应保尽保、应划尽划的原则，将生态功能重要区域、生态环境敏感脆弱区域纳入生态保护红线。到 2020 年，全面完成全国生态保护红线划定、勘界定标，形成生态保护红线全国"一张图"，实现一条红线管控重要生态空间。生态保护红线、永久基本农田、城镇开发边界三条控制线划定是加大生态系统保护力度的重要内容。划定并严守生态保护红线，是贯彻落实主体功能区制度、实施生态空间用途管制的重要举措；划定永久基本农田是基本农田保护的基础工作，功在当前，利及长远；划定城市开发边界，是防止城市无序蔓延、促进城市紧凑布局和集约发展的具体举措。

第二，实施重要生态系统保护和修复重大工程。加快生态安全屏障建设，构建生态廊道和生物多样性保护网络，提升生态系统质量和稳定性。形成以青藏高原、黄土高原—川滇、东北森林带、北方防沙带、南方丘陵山地带、近岸近海生态区以及大江大河重要水系为骨架，以其他重点生态功能区为重要支撑，以禁止开发区域为重要组成的生态安全战略格局。继续推进京津风沙源治理、黄土高原地区综合治理、石漠化综合治理，开展沙化土地封禁保护试点。打好长江保护修复攻坚战。开展长江流域生态隐患和环境风险调查评估，划定高风险区域，从严实施生态环境风险防控措施。

第三，开展国土绿化行动重大工程。推进土壤污染防治，建立土壤环境基础数据库，提升土壤环境监测能力；注重科技投入，支

网格固沙丘　沙漠开"梯田"　　　　　　　　　　（新华社记者　聂建江 / 摄）

持土壤污染防治研究，健全土壤污染防治相关标准和技术规范；实施农用地分类管理、建设用地准入管理，保障农业生产环境安全、防范人居环境风险。推进荒漠化、石漠化、水土流失综合治理，强化湿地保护和恢复，加强地质灾害防治。强化湿地保护和恢复，确保现有湿地面积不减少，健全湿地用途监管机制，按照主体功能定位确定各类湿地功能，实施负面清单管理，注重湿地保护修复的效果，强化湿地生态功能。加强地质灾害防治。将保护人民群众生命财产安全放在首位，增强全民防灾减灾意识，提升公众自救互救技能，切实减少人员伤亡和财产损失。

第四，完善天然林保护制度和扩大退耕还林还草重大工程。党的十九大对发展林业提出了具体要求，即完善天然林保护制度，扩大退耕还林还草。在新的历史形势下，应切实增强林业改革发展，推进林业现代化建设，维护森林生态安全。全面停止国有林区、国有林场等国有天然林商业性采伐，积极推进集体和个人所有的天然林协议停止商业性采伐，逐步实现全国天然林资源保护全覆盖。稳定和扩大新一轮退耕还林范围和规模，加强保护治理草原生态系统，提高草原植被覆盖率。加强林业重点工程项目建设，谋划和实施对筑牢屏障和富国惠民作用显著、对经济发展和结构调整全局带动性强的九项林业重大工程。

第五节　构建完善的环境治理体系

环境治理体系是国家治理体系的重要组成部分。2018 年 5 月，习近平总书记在全国生态环境保护大会上强调，要加快构建生态文明体系，建立健全以生态价值观念为准则的生态文化体系，以产业生态化和生态产业化为主体的生态经济体系，以改善生态环境质量为核心的目标责任体系，以治理体系和治理能力现代化为保障的生态文明制度体系，以生态系统良性循环和环境风险有效防控为重点的生态安全体系。优化环境治理体系、提升环境治理能力，推进环境治理体系和治理能力现代化，对解决我国面临的严峻生态环境问题、在更高层次上实现经济社会科学发展、全面提升国家治理现代化水平具有重要意义。

一、环境治理体系的提出

20 世纪 70 年代，我国环境治理逐步形成了以行政手段为主导、统一监督管理和分级分部门监督管理相结合的管理体制。随着经济社会发展和工业化水平快速提高，生态环境问题日益严重，公众对生态环境的期待也越来越高。脱胎于计划经济体制的环境管理方式越来越不适应新形势和新任务。治理成本越来越高、难度越来越大。环境资源产权不明晰、价格形成机制不完善，市场机制无法有效配置环境资源。公众的环境参与行为存在一定的无序性，同时现有的制度安排难以完全保障公众的参与权和监督权。总体来看，我国在环境治理方面存在的主要问题是政府、市场、社会的权责边界模糊，削弱了环境治理能力。

党的十八大以来，我国以前所未有的决心和力度加强生态环境保护，在健全法律、体制改革、政策体系等方面取得巨大进展，环境治理成效日益显著。按照2015年中共中央、国务院《生态文明体制改革总体方案》的要求，提升环境治理绩效要构建以改善环境质量为导向、监管统一、执法严明、多方参与的环境治理体系。党的十九大进一步明确，要构建政府为主导、企业为主体、社会组织和公众共同参与的环境治理体系。

二、环境治理体系的主要内容

新时代的环境治理体系要将多主体治理与协作性治理统合起来，使包括政府、个人、企业及各类社会组织机构在内的社会力量都成为环境治理的主体，倡导综合发挥全社会力量、利用多种方式保护生态环境，并有效预防和化解由环境问题引起的社会矛盾。按照《全国生态保护"十三五"规划纲要》要求，统筹推进生态环境治理体系建设，以环保督察巡视、编制自然资源资产负债表、领导干部自然资源资产离任审计、生态环境损害责任追究等落实地方环境保护责任，以环境司法、排污许可、损害赔偿等机制，形成政府、企业、公众共治的治理体系。落实企业主体责任，加强信息公开，推进公益诉讼，强化绿色金融等市场激励。

环境治理体系包括五项内容：一是紧紧围绕生态环境质量持续改善这个核心任务进行顶层设计；二是构建政府、市场、社会三大机制有效发挥作用的治理架构；三是突出制度供给、协调目标、协同共治等治理职能；四是以制度创新和科技创新为动力，提升环境标准规范、生态环境质量监测与评价、环境管理监察执法、区域环境承载预警、重大环境风险应急响应管控等治理能力；五是配套建设权益保障、损害赔偿、生态补偿、创新激励、环境诉讼、信息公开、征信体系、举报奖励、任期审计等保障制度，全面提高环境保护法律制度的有效性，构建与社会主义市场经济和现代政府治理相适应的环境保护新体制。

三、构建环境治理体系的重点

优化环境治理体系应突出重点，当前最迫切的是做好以下三方面工作。

第一，围绕生态环境质量持续改善这一核心，创新环境治理方式。构建和完善政府主导的多元环境治理模式，既发挥政府主导作用，又鼓励和支持社会各方面参与环境治理。政府治理方式应从注重控制转向协调与合作，从主导环境资源配置转向更多运用经济杠杆进行环境治理。建立生态环境质量统一监测与考核制度、外部监督和评估制度以及科学高效的技术支撑体系。

第二，健全市场机制，提升环境治理效率。建立反映市场供求关系和资源稀缺程度的生态环境保护市场体系，通过市场机制配置环境资源。加快环境污染损害赔偿评估、鉴定制度建设，建立环境司法鉴定机构标准规范，建立企业环境保护信用体系，推动现有税制"绿色化"，用经济手段引导企业增强绿色生产意识，改变污染治理模式，由传统的末端治理模式转变为源头减污模式。

第三，提高环保信息公开化水平，通过制度创新提高环境保护的公众参与度。切实提高环保执法监管水平和各治理主体行为的透明度，调动公民和社会组织依法参与环境治理的积极性，按照确保公民环境权益和生态环境共建共享的理念，积极构建开放式生态创建、控制污染排放、执法监管等方面的公众参与体系，完善环境舆情监测引导体系，提高环境保护的公众参与度。

[案 例]

"零污染村"：北京辛庄村的探索

北京昌平区辛庄村拥有500多户村民，曾经是个"污水横流，垃圾满地"的小村庄。2016年6月以来，在国家政策的引导下，辛庄村两委协同村内志愿者们积极作为，开启了"净塑环保、垃圾不落地"工程，努力创建"零污染村"，在短短两年内形成了一套有着辛庄特色的低成本、在地化、资源化、循环化的农村垃圾治理模式。主要做法如下：

一是宣传教育启动。从 2016 年 3 月开始在村里开展了多种形式环保宣传动员，包括村民多轮集中培训、一对一入户宣传、全村广播滚动播放、宣传展板上墙等。二是制度化管理。经过 3 个月宣传教育，2016 年 6 月辛庄村全面启动垃圾分类工作。首先，动员全村进行了一次垃圾集中清理义务活动。对村庄主干道、道路两侧、村庄周围以及野外垃圾杂物进行集中清理清运。其次，建立制度化垃圾分类体系。每家每户分发两个分类垃圾桶，全村各家各户进行垃圾分类。原有的露天垃圾点全部关闭，改由环卫工人每天两次定时沿着固定的路线，将各家各户分类好的垃圾倒入分类环保车，再由环卫工人进行进一步的分拣使用。三是形成生态环境、绿色生活与绿色生产的良性循环。从源头的净塑，到垃圾分类、垃圾处理，再到有机种植、绿色生活，辛庄村积极创建真正自给自足的生态农村，努力激发垃圾回收的产业内驱力。村民主动用厨余垃圾制成的酵素代替化肥，培植有机草莓，一个大棚的收入平均增加近万元。通过建设酵素加工点，大量的厨余垃圾被规范化地转变成不同功效的环保酵素产品，继而推向市场，不仅有了环保效益，还给村民带来经济收益。四是技术支持。通过宣传请村民将干净的可回收物进行分开存放，尽可能扩大可回收物的范围；对塑料进行压缩打包，将打包后的塑料交给回收公司；对玻璃瓶罐、易拉罐、纸类等分类回收；对有机垃圾进行堆肥和酵素制作，并将做成的肥料分发给本村种植户，用于草莓种植。这样使得辛庄村65%的厨余垃圾用于堆肥和酵素制作，其余10%可回收垃圾、25%不可回收垃圾集中收集处理。该项目启动后，辛庄村的垃圾分类率达到70%，厨余垃圾的纯净率达到95%，交由市政环卫部门处理的垃圾只占以前的三成左右。

本章小结

　　坚决打好污染防治攻坚战，是当前生态文明建设的重要内容，也是决胜全面建成小康社会的重要保障。打赢蓝天保卫战，基础制度建设尤为关键，要高度重视健全法律法规体系，完善环境监测监控网络，加大环境执法力度，深入开展环境保护督察，严格考核问责，构建全民行动格局。推动形成绿色发展方式和生活方式，是发展观的一场深刻革命，要加快推进生态保护修复，全面促进资源节约集约利用，倡导推广绿色消费，完善生态文明制度体系，加快转变经济发展方式，加大环境污染综合治理。加强生态保护与修复工程要划定并严守生态保护红线，实施重要生态系统保护和修复重大工程，开展国土绿化行动，完善天然林保护制度和扩大退耕还林还草。完善环境治理体系要紧紧围绕生态环境质量持续改善这个核心任务，构建政府、市场、社会三大机制有效发挥作用的治理架构，突出制度供给、协调目标、协同共治等治理职能。

【思考题】

1. 如何认识打好污染防治攻坚战的重大意义？

2. 如何理解环境保护与经济增长的辩证关系？

3. 如何落实中央提出的严守三条生态控制红线？

第七章

决胜全面建成小康社会的战略举措

战略既是目标，更是措施；既是想法，更是办法。决胜全面建成小康社会要紧扣我国社会主要矛盾变化，坚定实施科教兴国战略、人才强国战略、创新驱动发展战略、乡村振兴战略、区域协调发展战略、可持续发展战略、军民融合发展战略，突出抓重点、补短板、强弱项，使全面建成小康社会得到人民认可、经得起历史检验。

第一节　坚定实施科教兴国战略

科学开启新思想，技术催生新经济。党的十九大把科教兴国战略作为决胜全面建成小康社会的重要战略，赋予了新的时代使命。今天的中国正以前所未有的创新勇气、创新能力、创新速度将最新科学技术快速转化为现实生产力，推动着中国经济质量变革、效率提升、动力转换。

一、科学和教育是决胜全面建成小康社会的主动力

改革开放后，我国高度重视科学和教育事业的发展。科教人才队伍的规模、结构、水平均得到提升，科研成果产出丰硕，学术论文、授权专利的数量和质量得到提高；科技成果转化为现实生产力的路径逐步打通，中梗阻现象日渐消除，科技服务经济社会发展的能力明显增强；探求世界和认知自身等科技领域都取得了举世瞩目的成就。但与世界科技强国相比，我国仍有很大差距。我国创新能力不强，科技发展水平总体不高，科技对经济社会发展的支撑能力不足，对经济增长的贡献率远低于发达国家水平，这是我国这个经济大个头的"阿喀琉斯之踵"。

中国要强盛、要复兴，就一定要大力发展科学技术，成为世界主要科学中心和创新高地。为此，一方面要瞄准世界科技前沿，强化基础研究，实现前瞻性基础研究、引领性原创成果重大突破。建立以企业为主体、市场为导向、产学研深度融合的技术创新体系，支持中小企业创新，促进科技成果转化。另一方面，要深化教育改革，加快教育现代化。推动城乡义务教育一体化发展，高度重视农村义务教育，办好学前教育、特殊教育和网络教育，普及高中阶段教育，努力让每个孩子都能享有公平而有质量的教育。完善职业教育和培训体系，深化产教融合、校企合作。加快一流大学和一流学科建设，实现高等教育内涵式发展。健全学生资助制度，使绝大多数城乡新增劳动力接受高中阶段教育、更多接受高等教育。支持和规范社会力量兴办教育。办好继续教育，加快建设学习型社会，大

力提高国民素质。

二、优化科技强国战略布局

科技兴则民族兴，科技强则国家强。新时期、新形势、新任务，要求在科技创新方面应有新理念、新设计、新战略。

《为建设世界科技强国而奋斗》

一是夯实科技基础，在重要科技领域跻身世界领先行列。推动科技发展，必须准确判断科技突破方向。判断准了就能抓住先机。历史经验表明，那些抓住科技革命机遇走向现代化的国家，都是科学基础雄厚的国家；那些抓住科技革命机遇成为世界强国的国家，都是在重要科技领域处于领先行列的国家。

二是强化战略导向，破解创新发展科技难题。成为世界科技强国，成为世界主要科学中心和创新高地，必须拥有一批世界一流科研机构、研究型大学、创新型企业，能够持续涌现一批重大原创性科学成果。在重大创新领域建设一批突破型、引领型、平台型一体的国家实验室。强化国家战略科技力量，在明确国家目标和紧迫战略需求的重大领域，在有望引领未来发展的战略制高点，以重大科技任务攻关和国家大型科技基础设施为主线，依托最有优势的创新单元，整合全国创新资源，建立目标导向、绩效管理、协同攻关、开放共享的新型运行机制。

三是加强科技供给，服务经济社会发展主战场。目前，我国低成本资源和要素投入形成的驱动力明显减弱，需要依靠更多更好的科技创新为经济发展注入新动力；社会发展面临人口老龄化、消除贫困、保障人民健康等多方面挑战，需要依靠更多更好的科技创新实现经济社会协调发展；生态文明发展面临日益严峻的环境污染，需要依靠更多更好的科技创新建设天蓝、地绿、水清的美丽中国；能源安全、粮食安全、网络安全、生态安全、生物安全、国防安全等风险压力不断增加，需要依靠更多更好的科技创新保障国家安全。

四是深化改革创新，形成充满活力的科技管理和运行机制。要加快建立科技咨询支撑行政决策的科技决策机制，加强科技决策咨询系统，建设高水平科技智库。要加快推进重大科技决策制度化，解决好实际存在的部门领导拍脑袋、科技专家看眼色行事等问题。要完善符合科技创新规律的资源配置方式，解决简单套用行政预算和财务管理方法管理科技资源等问题，优化基础研究、战略高技术研究、社会公益类研究的支持方式，力求科技创新活动效率最大化。要着力改革和创新科研经费使用和管理方式，让经费为人的创造性活动服务，而不能让人的创造性活动为经费服务。要改革科技评价制度，建立以科技创新质量、贡献、绩效为导向的分类评价体系，正确评价科技创新成果的科学价值、技术价值、经济价值、社会价值、文化价值。

三、优先发展教育事业的战略任务

教育是决胜全面建成小康社会的智力催化剂。党的十九大强调，坚持以人民为中心，坚持在发展中保障和改善民生，对幼有所育、学有所教持续取得新进展方面提出更高要求，对优先发展教育事业相关重点任务进行新的重大部署。

一是立德树人，发展素质教育。要全面贯彻党的教育方针，落实立德树人根本任务，发展素质教育，培养德智体美全面发展的社会主义建设者和接班人。

二是持续推进教育公平，补齐民生短板。教育是开启民智的灵丹妙药。推动城乡义务教育一体化，这是缩小城乡义务教育差距的标本兼治之策，也是促进城镇基本公共服务与农村共享的关键环节，将充分彰显教育权利和机会公平。财政经费向困难地区和困难群体倾斜，动员社会形成合力，健全学生资助制度，实现家庭经济困难学生资助全覆盖，努力让每个孩子都能享有公平而有质量的教育，都能成为有用之才。

三是深化教育领域综合改革，加快建设学习型社会。要以创新释放教育发展的活力、增强教育发展的动力，创新人才培养模式，尊重教育规律和学生身心发展规律，完善以突出创新为导向的教育评价制度体系，为创新型人才培养提供良好的环境和机制。要以协调发展不断优化教育结构，主动服务、引领经济社会发展。要推动城乡教育、普职教育协调发展。善于汲取全球优质教育资源。不断创新办学模式，打破各种壁垒，促进各类教育资源的开放共享。

第二节　坚定实施人才强国战略

人才，尤其是高峰人才的争夺，成为国家竞争胜败的关键。决胜全面建成小康社会，人才也是关键。我们要坚持党管人才原则，聚天下英才而用之，加快建设人才强国。

一、人才资源是第一资源

在推进我国社会主义现代化事业的进程中，我们党深深地认识到人才资源的重要价值，作出了"人才资源是第一资源"的科学判断。这一重要判断，反映了当今世界的时代特征和经济社会发展大趋势，提升了我们对决胜全面建成小康社会人才支撑重要性的认识，有力地指导了我国人才事业的发展。

习近平总书记高度重视人才问题和人才工作，多次强调人才资源是第一资源。2013年10月，习近平总书记在欧美同学会成立一百周年庆祝大会上明确指出："人才资源作为经济社会发展第一资源的特征和作用更加明显，人才竞争已经成为综合国力竞争的核心。谁能培养和吸引更多优秀人才，谁就能在竞争中占据优势。"

没有一支宏大的高素质人才队伍，全面建成小康社会的奋斗目标和中华民族伟大复兴的中国梦就难以顺利实现。首先，实施人才强国战略是破解诸多发展难题的必由之路。当前我国发展中不平衡不充分的问题仍然比较突出，人口、资源、环境面临的挑战依然严峻，经济发展质量和效益还不够高。有效应对这些问题和挑战，离不开科技进步和科学管理，离不开创新驱动发展，归根结底都要靠人才。只有大力实施人才强国战略，才能充分发挥人才优势，有效弥补人均资源少、环境压力大的短板，实现经济高质量发展。其次，实施人才强国战略是抓住新一轮科技革命和产业变革机遇的必要条件。世界新一轮科技革命和产业变革催生出一系列颠覆性科学技术和重大产业变革，创造出越来越多的新产品新需求新业态。抓住和用好新一轮科技革命和产业变革机遇，最重要的战略资源就是

袁隆平的强国梦　　　　　　　　　　（新华社记者　殷菊生 / 摄）

人才，特别是能够紧跟并引领世界科技潮流的创新型人才。最后，实施人才强国战略是其他各项战略顺利实施的重要基础。为了决胜全面建成小康社会，党中央提出了包括人才强国战略在内的七项战略。只有紧紧牵住人才这个"牛鼻子"，充分发挥各级各类人才的作用，才能保障各项战略顺利实施。

二、建立健全人才开发机制

决胜全面建成小康社会需要培养造就一大批具有国际水平的战略科技人才、科技领军人才、青年科技人才和高水平创新团队。实现这一目标，要重点做好以下几方面工作。

要增强人才意识。要从执政兴国的高度，牢固确立人才是第一资源、第一资本、第一推动力的思想，坚持"一把手"抓"第一资源"，提高全党全社会对人才重要性的认识。

要开发创新人才、构建制度体系。我国一方面科技人才总量不少，另一方面又面临人才结构性不足的突出矛盾，特别是在重大科研项目、重大工程、重点学科等领域领军人才严重不足。解决这个矛盾，关键是要改革和完善人才发展机制，突出市场导向，体现分类施策，扩大人才开放。

要构建中国特色的人才法律法规体系。要对以往所制定的人才政策法规进行全面梳理，及时清理一些已不合时宜的文件规定，在人才政策制定上做到和国际通行规则接轨。要围绕更好实施人才强国战略的目标，全面规划建设人才法律法规体系，形成分系统、多层次的法律法规制度框架，使人才工作的各项政策制度保持公开性、权威性和连续性。

要建立主官主责的考核机制。改革党政机关绩效考核内容，把人才工作作为考核一把手政绩重要指标。同时，建立责任追究制，对搞任人唯亲、浪费人才、埋没人才，造成人才大量流失等严重失误的，追究领导责任。

三、坚持党管人才

习近平总书记指出："党管人才，主要是管宏观、管政策、管协调、管服务，而不是由党委去包揽人才工作的一切具体事务。"从根本上说，党管人才是党爱人才，党兴人才，党聚人才，党用人才，是通过制定政策、创新机制、改善环境、提供服务，为人才提供更多发展机遇和更大发展空间。

党管人才的最大优势，在于党的政治优势、组织优势和制度优势。在人才强国建设的"顶层设计"中，要牢牢抓住"党管人才"的"纲"，发挥"集中力量办大事"的独特体制优势，凝聚全党智慧全面参与全球人才竞争，继续推进"千人计划""万人计划"等人才工程，把选才的视野从全国扩大到全球，最大限度聚天下英才而用之。

第三节 坚定实施创新驱动发展战略

创新是一个民族进步的灵魂，是一个国家兴旺发达的不竭动力，也是中华民族最深沉的民族禀赋。当今世界，经济社会发展越来越依赖于理论、制度、科技、文化等领域的创新，国际竞争优势也越来越体现在创新能力上。

一、创新成为国家竞争制胜的法宝

实施创新驱动发展战略，对我国形成国际竞争新优势、增强发展的长期动力具有战略意义。改革开放 40 年来我国经济快速发展一个重要原因是发挥了劳动力和资源环境的低成本优势。进入发展新阶段，我国在国际上的低成本优势逐渐消失。与低成本优势相比，技术创新具有不易模仿、附加值高等突出特点，由此建立的创新优势持续时间长、竞争力强。实施创新驱动发展战略，加快实现由低成本优势向创新优势的转换，可以为我国持续发展提供强大动力。

当今世界，谁在创新上先行一步，谁就能拥有引领发展的主动权。新一轮科技和产业革命井喷式爆发，一些重大颠覆性技术创新

中国高铁靓丽全球 （新华社记者　方喆／摄）

正在创造新产业新业态，信息技术、生物技术、制造技术、新材料技术、新能源技术广泛渗透到几乎所有领域，带动了以绿色、智能、泛在为特征的群体性重大技术变革，云计算、物联网、大数据、人工智能等互联网技术成为经济社会的底色，区块链技术正向产业、经济、社会管理等各个层面应用。要坚持把创新作为引领发展的第一动力，紧紧围绕经济竞争力提升的核心关键、社会发展的紧迫需求、国家安全的重大挑战，推进以科技创新为核心的全面创新。

二、创新驱动发展的战略路线图

党的十八大明确提出，"科技创新是提高社会生产力和综合国力的战略支撑，必须摆在国家发展全局的核心位置"。强调要坚持走中国特色自主创新道路、实施创新驱动发展战略。

2016 年 5 月，中共中央、国务院印发了《国家创新驱动发展战略纲要》，明确了我国创新战略目标是分三步走：到 2020 年进入创新型国家行列，基本建成中国特色国家创新体系，有力支撑全面建成小康社会目标的实现；到 2030 年跻身创新型国家前列，发展驱动力实现根本转换，经济社会发展水平和国际竞争力大幅提升，为建成经济强国和共同富裕社会奠定坚实基础；到 2050 年建成世界科技创新强国，成为世界主要科学中心和创新高地，为我国建成富强民主文明和谐的社会主义现代化国家、实现中华民族伟大复兴的中国梦提供强大支撑。

三、全面提升国家创新能力

当前，我国创新驱动发展已具备发力加速的基础。经过多年努力，科技发展正在进入由量的增长向质的提升的跃升期，科研体系日益完备，人才队伍不断壮大，科学、技术、工程、产业的自主创新能力快速提升。经济转型升级、民生持续改善和国防现代化建设对创新提出了巨大需求。庞大的市场规模、完备的产业体系、多样化的消费需求与互联网时代创新效率的提升相结合，为创新提供了广阔空间。

实施创新驱动发展战略，全面提升国家创新能力，一要紧扣发展。坚持问题导向，面向世界科技前沿、面向国家重大需求、面向国民经济主战场，明确我国创新发展的主攻方向，在关键领域尽快实现突破，力争形成更多竞争优势。二要深化改革。坚持科技体制改革和经济社会领域改革同步发力，强化科技与经济对接，遵循社会主义市场经济规律和科技创新规律，破除一切制约创新的思想障碍和制度藩篱，构建支撑创新驱动发展的良好环境。三要强化激励。坚持创新驱动实质是人才驱动，落实以人为本，尊重创新创造的价值，激发各类人才的积极性和创造性，加快汇聚一支规模宏大、结构合理、素质优良的创新型人才队伍。四要扩大开放。坚持以全球视野谋划和推动创新，最大限度用好全球创新资源，全面提升我国在全球创新格局中的位势，力争成为若干重要领域的引领者和重要规则制定的参与者。

四、着力推进大众创业、万众创新

以"双创"为关键抓手，着力实施创新驱动发展战略，促进科技与经济深度融合，提高实体经济的整体素质和竞争力。持续深入推进大众创业、万众创新，构建有利于大众创业、万众创新蓬勃发展的政策环境、制度环境和公共服务体系。

一是创新体制机制，加大简政放权力度，深化商事制度改革，加强创业知识产权保护，健全创业人才培养与流动机制，优化财税金融政策，扩大创业投资，强化创业扶持，打造有利于创业创新的良好环境。二是建设一批创业创新平台，推动国家重点实验室等国家级科研平台（基地）向社会开放，发展创业创新区域平台，为"双创"提供有力支撑。三是发展创业服务，大力发展创新工场、车库咖啡等新型孵化器，做大做强众创空间，建设"互联网+"创业网络体系，支持科研人员、大学生等创业，拓展城乡创业渠道，实现创业带动就业。

第四节　坚定实施乡村振兴战略

小康不小康，关键看老乡。实施乡村振兴战略，是党的十九大作出的重大决策部署，是决胜全面建成小康社会、全面建设社会主义现代化国家的重大历史任务，是新时代"三农"工作的总抓手。

一、乡村振兴是全面建成小康社会的必然要求

乡村与城镇互促互进、共生共存，共同构成人类活动的主要空间。乡村兴则国家兴，乡村衰则国家衰。我国人民日益增长的美好生活需要和不平衡不充分的发展之间的矛盾在乡村最为突出，我国仍处于并将长期处于社会主义初级阶段的特征很大程度上表现在乡村。全面建成小康社会和全面建设社会主义现代化强国，最艰巨最繁重的任务在农村，最广泛最深厚的基础在农村，最大的潜力和后劲也在农村。

实施乡村振兴战略，是解决新时代我国社会主要矛盾、实现"两个一百年"奋斗目标和中华民族伟大复兴中国梦的必然要求。第一，实施乡村振兴战略是建设现代化经济体系的重要基础。农业是国民经济的基础，农村经济是现代化经济体系的重要组成部分。乡村振兴，产业兴旺是重点。实施乡村振兴战略，有利于推动农业从增产导向转向提质导向，增强我国农业创新力和竞争力，为建设现代化经济体系奠定坚实基础。第二，实施乡村振兴战略是建设美丽中国的关键举措。乡村振兴，生态宜居是关键。实施乡村振兴战略，有利于构建人与自然和谐共生的乡村发展新格局，实现百

姓富、生态美的统一。第三，实施乡村振兴战略是健全现代社会治理格局的固本之策。乡村振兴，治理有效是基础。实施乡村振兴战略，有利于打造共建共治共享的现代社会治理格局，推进国家治理体系和治理能力现代化。第四，实施乡村振兴战略是实现全体人民共同富裕的必然选择。乡村振兴，生活富裕是根本。实施乡村振兴战略，有利于增进农民福祉，让亿万农民走上共同富裕的道路，汇聚起建设社会主义现代化强国的磅礴力量。

二、实施乡村振兴战略的总体要求

实施乡村振兴战略，要按照产业兴旺、生态宜居、乡风文明、治理有效、生活富裕的总要求，建立健全城乡融合发展体制机制和政策体系，统筹推进农村经济建设、政治建设、文化建设、社会建设、生态文明建设和党的建设，加快推进乡村治理体系和治理能力现代化，加快推进农业农村现代化，走中国特色社会主义乡村振兴道路，让农业成为有奔头的产业，让农民成为有吸引力的职业，让农村成为安居乐业的美丽家园。

按照到 2020 年实现全面建成小康社会和分两个阶段实现第二个百年奋斗目标的战略部署，实施乡村振兴战略的目标任务是：到 2020 年，乡村振兴取得重要进展，制度框架和政策体系基本形成。到 2035 年，乡村振兴取得决定性进展，农业农村现代化基本实现。到 2050 年，乡村全面振兴，农业强、农村美、农民富全面实现。其中，2018—2022 年这五年间，既要在农村实现全面小康，又要为基本实现农业农村现代化开好局、起好步、打好基础。

实施乡村振兴战略要坚持以下基本原则：一是坚持党管农村工

作。毫不动摇地坚持和加强党对农村工作的领导，确保党在农村工作中始终总揽全局、协调各方。二是坚持农业农村优先发展。在干部配备上优先考虑，在要素配置上优先满足，在资金投入上优先保障，在公共服务上优先安排，加快补齐农业农村短板。三是坚持农民主体地位。充分尊重农民意愿，切实发挥农民在乡村振兴中的主体作用，调动亿万农民的积极性、主动性、创造性，把维护农民群众根本利益、促进农民共同富裕作为出发点和落脚点。四是坚持乡村全面振兴。统筹谋划农村经济建设、政治建设、文化建设、社会建设、生态文明建设和党的建设，注重协同性、关联性，整体部署，协调推进。五是坚持城乡融合发展。推动城乡要素自由流动、平等交换，推动新型工业化、信息化、城镇化、农业现代化同步发展，加快形成工农互促、城乡互补、全面融合、共同繁荣的新型工农城乡关系。六是坚持人与自然和谐共生。落实节约优先、保护优先、自然恢复为主的方针，统筹山水林田湖草系统治理，严守生态保护红线，以绿色发展引领乡村振兴。七是坚持因地制宜、循序渐进。科学把握乡村的差异性和发展走势分化特征，做好顶层设计，注重规划先行、突出重点、分类施策、典型引路。既尽力而为，又量力而行，不搞层层加码，不搞一刀切，不搞形式主义，久久为功，扎实推进。

三、实施乡村振兴战略的重点

实施乡村振兴战略，要立足国情农情，以产业兴旺为重点、生态宜居为关键、乡风文明为保障、治理有效为基础、生活富裕为根本、摆脱贫困为前提，推动农业全面升级、农村全面进步、农民全面发展。

一是深入推进农业供给侧结构性改革，培育农业农村发展新动能。乡村振兴，产业兴旺是重点。深入推进农业绿色化、优质化、特色化、品牌化发展，加快构建现代农业产业体系、生产体系、经营体系，推动农业由增产导向转向提质导向，加快实现由农业大国向农业强国转变。二是以绿色发展引领乡村振兴，打造人与自然和谐共生的乡村发展新格局。乡村振兴，生态宜居是关键。必须牢固树立和践行绿水青山就是金山银山的理念，落实节约优先、保护优先、自然恢复为主的方针，推动乡村自然资本加快增值，实现百姓富、生态美的统一。三是大力繁荣发展农村文化，焕发乡风文明新气象。培育文明乡风、良好家风、淳朴民风，不断提高乡村社会文明程度。四是坚持"三治"相结合，构建乡村治理新体系。建立健全党委领导、政府负责、社会协同、公众参与、法治保障的现代乡村社会治理体制，健全自治、法治、德治相结合的乡村治理体系，确保乡村社会充满活力、和谐有序。五是提高农村民生保障水平，提升农民获得感、幸福感、安全感。把维护农民群众根本利益、促进农民共同富裕作为出发点和落脚点。六是健全城乡融合发展体制机制，强化乡村振兴制度性供给。强化"钱、地、人"等要素的供给，破除体制机制障碍，推动城乡要素自由流动、平等交换，促进公共资源城乡均衡配置，建立健全城乡融合发展体制机制和政策体系，加快形成工农互促、城乡互补、全面融合、共同繁荣的新型工农城乡关系。

第五节　坚定实施区域协调发展战略

实施区域协调发展战略是党中央解决不平衡不充分发展问题的重大战略部署。党的十八大特别是十九大以来，以习近平同志为核心的党中央统筹内外、放眼全局，提出"一带一路"建设、京津冀协同发展、长江经济带发展、粤港澳大湾区建设等重大战略，推动形成了全面联动的区域发展新格局。

一、实施区域协调发展战略意义重大

党的十九大指出，"实施区域协调发展战略"，"建立更加有效的区域协调发展新机制"。这是对我国区域发展的新部署新要求，是新时代解决人民日益增长的美好生活需要和不平衡不充分的发展之间的矛盾的重要途径，对加快建设现代化经济体系、促进高质量发展、实现"两个一百年"奋斗目标，具有重大战略意义。

中国特色社会主义进入新时代，我国社会主要矛盾已经转化为人民日益增长的美好生活需要和不平衡不充分的发展之间的矛盾。当前，我国区域发展的不平衡不充分，就是这个主要矛盾在发展的空间布局方面的具体体现。实施区域协调发展战略，增强区域发展协同性，缩小区域发展差异，是化解新的社会主要矛盾的重大举措。当前，我国经济已由高速增长阶段转向高质量发展阶段，区域经济发展必须加快实现质量变革、效率变革、动力变革。实施区域协调发展战略，充分发挥各区域比较优势，推动各区域加快转变发展方式、优化经济结构和转换增长动力，进而实现更高质量、更有效率、更加公平、更可持续的发展。

全面建成小康社会，要突出抓重点、补短板、强弱项。实施区域协调发展战略，紧紧抓住集中连片特殊困难地区这个重点、农村贫困人口脱贫这个短板，坚决打好精准脱贫攻坚战，确保到2020年我国现行标准下农村贫困人口实现脱贫、贫困县全部摘帽、解决区域性整体贫困，这是让贫困人口和贫困地区人民同全国人民一道进入全面小康社会的重大战略举措。到 2020 年全面建成小康社会并开启全面建设社会主义现代化国家新征程，要继续实施区域协调发展战略，促进各地区协同推进现代化建设，努力实现全体人民共同富裕。

二、建立更加有效的区域协调发展新机制

实施区域协调发展战略，促进区域协调发展向更高水平和更高质量迈进，必须建立更加有效的区域协调发展新机制。

一是要建立区域战略统筹机制。推动国家重大区域战略融合发展，以"一带一路"建设、京津冀协同发展、长江经济带发展、粤港澳大湾区建设等重大战略为引领，以西部、东北、中部、东部四大板块为基础，促进区域间相互融通补充。统筹发达地区和欠发达地区发展，推动东部沿海等发达地区改革创新、新旧动能转换和区域一体化发展，支持中西部条件较好地区加快发展，鼓励国家级新区、自由贸易试验区、国家级开发区等各类平台大胆创新，在推动区域高质量发展方面发挥引领作用。推动陆海统筹发展，加强海洋经济发展顶层设计，完善规划体系和管理机制，研究制定陆海统筹政策措施，推动建设一批海洋经济示范区。

二是要健全市场一体化发展机制。促进城乡区域间要素自由流动，实施全国统一的市场准入负面清单制度，消除歧视性、隐蔽性的区域市场准入限制。推动区域市场一体化建设，按照建设统一、开放、竞争、有序的市场体系要求，推动京津冀、长江经济带、粤港澳等区域市场建设，加快探索建立规划制度统一、发展模式共

推、治理方式一致、区域市场联动的区域市场一体化发展新机制，促进形成全国统一大市场。完善区域交易平台和制度，建立健全用水权、排污权、碳排放权、用能权初始分配与交易制度，培育发展各类产权交易平台。

三是要深化区域合作机制。推动区域合作互动，深化京津冀地区、长江经济带、粤港澳大湾区等合作，提升合作层次和水平。促进流域上下游合作发展，加快推进长江经济带、珠江—西江经济带、淮河生态经济带、汉江生态经济带等重点流域经济带上下游间合作发展。加强省际交界地区合作，探索建立统一规划、统一管理、合作共建、利益共享的合作新机制。积极开展国际区域合作，以"一带一路"建设为重点，实行更加积极主动的开放战略，推动构建互利共赢的国际区域合作新机制。

此外，还要优化区域互助机制，深入实施东西部扶贫协作，深

港珠澳大桥助力粤港澳大湾区建设　　　　　（新华社记者　吕小炜 / 摄）

入开展对口支援，创新开展对口协作（合作）。健全区际利益补偿机制，完善多元化横向生态补偿机制，建立粮食主产区与主销区之间利益补偿机制，健全资源输出地与输入地之间利益补偿机制。完善基本公共服务均等化机制，提升基本公共服务保障能力，提高基本公共服务统筹层次，推动城乡区域间基本公共服务衔接。创新区域政策调控机制，实行差别化的区域政策，建立区域均衡的财政转移支付制度，建立健全区域政策与其他宏观调控政策联动机制。健全区域发展保障机制，规范区域规划编制管理，建立区域发展监测评估预警体系，建立健全区域协调发展法律法规体系。

三、实施区域协调发展战略的重大部署

在全国范围内实现经济社会各构成要素的良性互动，促进人口、经济和资源、环境的空间均衡，进而推动我国经济在实现高质量发展上不断取得新进展。积极推动城乡区域协调发展，优化现代化经济体系的空间布局。

一是要在薄弱领域增强发展后劲，支持革命老区、民族地区、边疆地区、贫困地区改善生产生活条件；二是要分类助推"四大区域板块"发展，强化举措推进西部大开发形成新格局，深化改革加快东北等老工业基地振兴，发挥优势推动中部地区崛起，创新引领率先实现东部地区优化发展；三是要让新的区域战略持续发力，京津冀协同发展以疏解北京非首都功能为重点，推进长江经济带发展以生态优先、绿色发展为引领，推进粤港澳大湾区发展的协同竞争能力，围绕"一带一路"建设创新对外投资方式；四是要以城市群为主体构建大中小城市和小城镇协调发展的城镇格局，加快农业转移人口市

民化。同时，还要下好乡村振兴这盘大棋，加快构建现代农业产业体系、生产体系、经营体系，培育新型农业经营主体，健全农业社会化服务体系，切实解决好"三农"问题，让农村和城市比翼双飞，协调发展。

第六节　坚定实施可持续发展战略

发展要行稳致远，不可竭泽而渔。坚持可持续发展战略就是要在中国特色社会主义现代化强国新征程中，加快解决我国经济社会发展中不平衡、不协调、不可持续的时代难题。实现经济发展和人口、资源、环境相协调，走出一条生产发展、生活富裕、生态良好的文明发展道路。

一、没有可持续的发展就没有可持续的小康

可持续发展就是既满足当代人的需要，又不对后代人满足其需要的能力构成威胁和危害的发展，是一种立足当代、传承过去、永续未来的发展观。

从我国当前面临的人口、资源与环境条件看，坚持可持续发展是全面建成小康社会的目标和客观要求，也是全面建成小康社会的路径和必然选择。一方面，全面小康是"五位一体"全面进步的小康，必须坚持以经济建设为中心，全面推进经济建设、政治建设、文化建设、社会建设、生态文明建设，促进社会主义现代化建设各个环节、各个方面协调发展，任何一个方面发展滞后，都会影响全面建成小康社会目标的实现。另一方面，全面建成小康社会面

临严峻的资源、环境约束，必须转变经济发展方式，走可持续发展之路，才能大力促进生态文明建设，统筹推进"五位一体"总体布局，实现全面建成小康社会和中华民族永续发展的奋斗目标。党的十九大站在新时代的高度，提出"人与自然是生命共同体，人类必须尊重自然、顺应自然、保护自然"，"我们要建设的现代化是人与自然和谐共生的现代化，既要创造更多物质财富和精神财富以满足人民日益增长的美好生活需要，也要提供更多优质生态产品以满足人民日益增长的优美生态环境需要"。

二、新发展理念引领可持续发展战略

创新是引领发展的第一动力。强力推动创新驱动发展，将提升中国的产业竞争力，培育经济增长新引擎，为可持续发展注入持久动力。协调是可持续发展的内在要求。着力解决城乡、区域发展不平衡的问题，在加强薄弱领域中增强发展后劲，将大大增强发展的整体性和协调性。绿色是可持续发展的必要条件。尊重自然、顺应自然、保护自然的生态文明理念，保护生态环境就是保护生产力、改善生态环境就是发展生产力的理念等，正在推动形成绿色发展方式和生活方式，保证中华民族的永续发展。开放着力解决发展内外联动问题，是国家繁荣发展的必由之路，也能够为可持续发展拓展新的更大的国际空间。共享着力解决社会公平正义问题，是中国特色社会主义的本质要求，也是增强发展稳定性、可持续性，提升中国经济潜力与韧性的有力保障。

从这个意义上说，新发展理念为可持续发展战略指明了方向，落实好新发展理念，便是落实可持续发展战略的生动实践。

三、推动可持续发展战略需把握的重点

联合国《2030 年可持续发展议程》指出，可持续发展要以人为中心，要在可供给的范围内满足发展需求，经济的繁荣要以绿色、低碳为前提，要以人与自然和谐共生、人与人和谐友好、国与国和谐共赢为行为准则，要通过建立伙伴关系相互合作来实现。中国的可持续发展战略要理顺经济、人口、环境三者之间的关系，立足国内、放眼国际，构建一种相互关联、多方共赢的合作模式。在全面建成小康社会的决胜期，中国的可持续发展战略贯彻在诸多方面。

一是坚决打好三大攻坚战。我国当前存在的发展不平衡不充分的问题，并不只是经济上的失衡，也包括社会治理和环境治理中的不平衡不充分，三大攻坚战对应的是经济、社会、环境中的不可持续问题。打好三大攻坚战，既是决胜全面建成小康社会的重要任务，也是实现可持续发展的客观需求。

二是深入推进生态文明建设，建设美丽中国。中国要建设的现代化是人与自然和谐共生的现代化，要还自然以宁静、和谐、美丽。当前，在环境保护上，"绿水青山就是金山银山"的理念深入人心。"史上最严"新环境保护法彰显权威，中央环保督察成效显著，各地方重拳出击遏制污染势头。大力发展生态经济，在新能源技术创新方面已居于世界前列。绿色发展、循环经济、低碳经济、"互联网＋"成为工业企业转型升级的主要内容。经济发展质量不断提升，经济结构不断调整优化，新旧动能有序转换，新技术、新产业、新模式、新业态层出不穷。

三是把保障和改善民生作为可持续发展的核心要求。可持续发展核心是人的全面发展，要以民生为重点加强社会建设，推进公

平、正义和平等。抓住人民最关心最直接最现实的利益问题，既尽力而为，又量力而行，一件事情接着一件事情办，一年接着一年干。不断满足人民日益增长的美好生活需要，不断促进社会公平正义，形成有效的社会治理、良好的社会秩序，使人民获得感、幸福感、安全感更加充实、更有保障、更可持续。

四是倡导构建人类生态文明共同体。建设生态文明关乎人类未来。国际社会应该携手同行，共谋全球生态文明建设之路，牢固树立尊重自然、顺应自然、保护自然的意识，坚持走绿色、低碳、循环、可持续发展之路。在这方面，中国责无旁贷，将继续作出自己的贡献。同时，我们也要敦促发达国家承担历史性责任，兑现减排承诺，并帮助发展中国家减缓和适应气候变化。

第七节　坚定实施军民融合发展战略

国家安全是全面小康的底线，军民融合是国家安全能力的保障。党的十八大以来，以习近平同志为核心的党中央把军民融合发展上升为国家战略，纳入党和国家事业发展全局总体设计、统筹推进。党的十九大进一步明确将军民融合发展战略作为必须坚定实施的七大战略之一。

一、新时代军民融合发展的行动指南

习近平总书记关于军民融合发展的重要论述，系统回答了军民融合为什么融、融什么、怎么融等根本性方向性全局性的重大问题，是新时代开启军民融合发展新征程的行动指南。

一是明确了军民融合发展的重大意义。新一轮世界科技革命、产业革命、军事革命正在深入发展，国家战略竞争力、社会生产力、军队战斗力的耦合关联越来越紧密，世界许多国家把军民融合发展作为提升综合国力重要路径。把军民融合发展上升为国家战略，是党中央从国家发展和安全全局出发作出的重大决策，是长期探索经济建设和国防建设协调发展的重大成果，是应对复杂安全威胁、赢得国家战略优势的重大举措。

二是明确了军民融合发展的战略地位。军民融合发展作为一项国家战略，关乎国家安全和发展全局，既是兴国之举，又是强军之策。坚持走军民融合发展之路，是党领导经济建设和国防建设的基本经验，是被实践证明有效的指导原则。党的十九大将军民融合发展作为重大国家战略写入党章，进一步强化了军民融合发展在党和国家事业全局中的战略地位，成为军民融合发展的根本遵循。

三是明确了军民融合发展的总体目标。当前和今后一个时期是军民融合发展的战略机遇期，也是军民融合由初步融合向深度融合过渡、进而实现跨越发展的关键期，要加快形成军民融合发展组织管理体系、工作运行体系、政策制度体系，推动重点领域军民融合发展取得实质性进展，形成军民融合深度发展格局，构建一体化的国家战略体系和能力。

四是明确了军民融合发展的时代要求。坚定实施军民融合发展战略，必须以习近平新时代中国特色社会主义思想为指导，全面贯彻习近平强军思想，落实总体国家安全观和新形势下的军事战略方针，以强军兴军为导向，贯彻新发展理念，坚持党中央集中统一领导，坚持富国强军相统一，坚持深化改革创新，坚持军民协同推进，坚持有序开放合作。

五是明确了军民融合发展的重点领域。基础设施建设、国防科技工业、武器装备采购、人才培养、军队保障社会化、国防动员等领域军民融合潜力巨大，要强化资源整合力度，盘活用好存量资源，优化配置增量资源，发挥军民融合深度发展的最大效益。海洋、太空、网络空间、生物、新能源、人工智能等领域军民共用性强，要在筹划设计、组织实施、成果使用全过程贯彻军民融合理念和要求，加快形成多维一体、协同推进、跨越发展的新兴领域军民融合深度发展格局。

六是明确了军民融合发展的方法途径。推动军民融合发展是一个系统工程，要善于运用系统科学、系统思维、系统方法研究解决问题，既要加强顶层设计又要突出重点，既要抓好当前又要谋好长远。要把国防和军队建设有机融入经济社会发展大体系，加强战略引领，加强改革创新，加强军地协同，加强任务落实，聚集重点精准发力，培育一批典型，强化示范引领，以点带面推动军民融合发展整体水平提升。

二、新时代推动军民融合深度发展的重点任务

推动军民融合发展，必须牢牢把握军民融合深度发展的重点任务，聚焦重点领域和新兴领域精准发力、务求实效。

在基础设施建设等重点领域，要加强军地资源优化配置，坚持共建共用共享，实现国家整体战略利益最大化。一是推进基础设施统筹建设与资源共享。着眼发挥深度融合的最大效益，以统筹配置增量资源和存量资源为重点，以强化基础设施统筹建设和信息资源

共享为关键，以提高标准计量军民通用化水平为手段，切实增强对经济建设和国防建设的整体支撑能力。二是推进国防科技工业与武器装备发展。以打破封闭垄断为突破口，以激发创新活力为途径，深化国防科技工业体制机制和装备采购制度改革创新，加快形成"小核心、大协作、专业化、开放型"的军品科研生产能力结构布局，建设中国特色先进国防科技工业体系。三是推进军民科技协同创新。贯彻创新驱动发展战略，推进科技兴军，以需求论证、规划计划、资源配置、项目实施、成果转化等为抓手，以营造开放共享、多方参与、竞争有序的创新环境为重点，建立完善、统一、高效、开放的军民科技协同创新体系。四是推进军地人才双向培养交流使用。贯彻科教兴国、人才强国战略，统筹运用军地教育资源，优化军事人才培养体系，推动军地人才交流共享，形成各类人才在富国强军伟大进程中创造活力竞相迸发的生动局面。五是推进社会服务和军事后勤统筹发展。确立现代后勤就是军民融合后勤的理念，以深化拓展军队保障社会化为重点，以军队购买服务和纳入社会公共服务体系为基本模式，推动军地资源优化配置和高效利用。六是推进国防动员现代化建设。以经济社会发展为依托，以保障打赢信息化局部战争为核心，以构建现代化国防动员体系为目标，全面提高平战结合、全域遂行、精确高效的国防动员能力。

在海洋、太空等新兴领域，要以科技创新为引领，加快推进军民融合发展。一是推进海洋领域统筹建设。坚持陆海统筹，加快建设海洋强国，加强海洋经济发展、海洋生态环境保护、海上维权和军事斗争准备。加强国家海洋产业、海洋信息化、海洋安全防卫、深海探测装备技术体系、海洋标准和计量体系筹建设，推进智慧海洋建设。二是推进太空领域统筹建设。围绕建设航天强国，推动太空开发利用和空天防御能力协调发展。强化卫星等航天资源统筹建设、开放共享，加强航天领域重大工程项目统筹。拓展航天应用领域，逐步建立军民商相互衔接的空间信息服务体系。推进空间科学研究，提升空间气象监测预警服务能力，提高军民协同应对太空安全威胁能力。三是推进网络空间领域统筹建设。加快网络强国和信息强军建设，统筹推动国家网络安全和信息化军民融合深度发展。加大军地协同攻关，加强基础技术研发，加强军民共用信息系统建设，加强网络安全监测预警和应急处置，参与网络空间国际规则制定。四是推进生物领域统筹建设。健全军地生物安全工作协调机制，加强传染病疫情及动植物疫病疫情防控等协同，促进军民共建生物安全、查验处理等保障基础设施平台，强化生物安全监测预警网络体系建设，提高国家生物安全防御能力。五是推进新能源领域统筹建设。发展新能源工业，打造新能源产业集群，建立安全可控的军民融合新能源科研生产体系。构建协同创新、多元发展、军地联保的国家新能源供给保障体系，提升能源供应的战略保障能力。六是推进人工智能领域统筹建设。实施新一代人工智能发展战略，加强人工智能技术创新、工程化产业化、军事应用体系统筹建设。加强人工智能技术军民协同创新，推进人工智能科技成果在经济社会和国防领域的应用与双向转化，提升经济竞争力和新质战斗力。

三、实施军民融合发展战略的工作要求

要真抓实干坚定实施军民融合发展战略，开创新时代军民融合深度发展新局面。

一是强化统一领导，建立健全工作机制。2017 年 1 月，中央军民融合发展委员会成立并由习近平总书记担任主任，进一步加强党中央对军民融合发展工作的集中统一领导，确保党始终总揽全局、协调各方，确保党对军民融合发展工作的领导更加坚强有力。加快建立健全"统一领导、军地协调、顺畅高效"的军民融合组织管理体系，积极推进各省（区、市）军民融合发展委员会办公室的设立和运行，发挥中央国家机关、军队有关部门的职能作用，完善工作运行机制。建立健全军民融合发展需求对接机制，明确对接主体、规范对接程序、创新对接形式，加快建立军民融合需求填报机制。加强综合协调，强化事中事后监管，建立专项督察制度，狠抓工作落实，推动军民融合重点规划、重大改革、重要政策、重大项目落地见效。

二是强化顶层设计，发挥引领示范作用。根据党中央军民融合发展战略部署，抓好任务分解和组织实施，强化督导落实。协调军地有关部门，统筹推进《关于经济建设和国防建设融合发展的意见》和《经济建设和国防建设融合发展"十三五"规划》各项任务落地实施，进一步完善军地有关部门和地方政府军民融合专项规划。制定实施《关于加强军民融合发展法治建设的意见》，清理制约军民融合发展的法律法规规章和规范性文件，推动军民融合综合性立法。瞄准军民融合的重点领域、重点区域、重点企业、重点项目等，选树典型、示范引领、以点带面，扩大"品牌"影响，形成规模效应。

三是强化改革创新，积极稳妥推进落实。找准突破口，精准发力，用改革的思路、创新的举措，推进重点领域军民深度融合。深化国防科技工业改革，着力改善"民参军""军转民"政策制度环境，加快推进军品价格改革和空域管理改革。深入开展在轨卫星资源统筹、军民标准一体化及太空、网络空间、新材料、人工智能等领域重大问题研究。针对各方面反映强烈、共识度高的重点难点问题，组织有关部门集中论证，形成改革方案，积极稳妥推进落实。有序推进国家军民融合创新示范区建设。聚焦军地高度关注、军民共用性强的关键共性技术、前沿引领技术、颠覆性技术以及重大科技项目、重大科学装置等，推进军民科技基础要素融合，通过协同创新提升整体实力。

本章小结

为了全面建成小康社会，党的十九大部署了七大战略。坚持科教兴国战略就是要把科学和教育作为决胜全面建成小康社会的主动力，优先发展教育事业，优化科技强国战略布局。实施人才强国战略，就是要坚持人才资源是第一资源，增强人才意识，开发创新人才，构建人才制度体系，提高党管人才水平，培养造就一大批具有国际水平的战略科技人才、科技领军人才、青年科技人才和高水平创新团队。坚持创新驱动发展战略，就是要始终把创新作为引领发展的第一动力，紧紧围绕经济竞争力提升的核心关键、社会发展的紧迫需求、国家安全的重大挑战，推进以科技创新为核心的全面创新，构建有利于大众创业、万众创新蓬勃发展的政策环境、制度环境和公共服务体系。强化乡村振兴战略，就是要破除体制机制障碍，推动城乡要素自由流动、平等交换，促进公共资源城乡均衡配置，形成工农互促、城乡互补、全面融合、共同繁荣的新型工农城乡关系。推进区域协调发展战略，就是要积极推动城乡区域协调发展，优化现代化经济体系的空间布局，搞好京津冀协同发展和推动长江经济带发展，加大粤港澳大湾区协调合作，推进"一带一路"国际合作，形成全面联动的区域发展新格局。坚持可持续发展战略，就是要以人为中心，理顺经济、人口、环境三者之间的关系，立足国内、放眼国际构建一种相互关联、多方共赢的合作模式。实施军民融合发展战略，就是要加快形成军民融合发展组织管理体系、工作运行体系、政策制度体系，推动重点领域军民融合发展取得实质性进展，构建一体化的国家战略体系和能力，推动国防实力、经济实力、社会能力同步提升。

【思考题】

1. 如何理解创新是发展的第一动力？

2. 如何加强措施保障经济社会的可持续发展？

3. 如何实施军民融合发展战略？

第八章
加强党对决胜全面建成小康社会的领导

　　党的领导是中国特色社会主义制度的最大优势，是实现经济社会持续健康发展的根本政治保证。决胜全面建成小康社会是一项伟大的事业，伟大的事业必须有坚强的党的领导。党的十八大强调，我们党担负着团结带领人民全面建成小康社会、推进社会主义现代化、实现中华民族伟大复兴的重任。习近平总书记在党的十九大强调，不忘初心，方得始终。中国共产党人的初心和使命，就是为中国人民谋幸福，为中华民族谋复兴。党坚强有力，党同人民保持血肉联系，国家就繁荣稳定，人民就幸福安康。形势的发展、事业的开拓、人民的期待，都要求我们以改革创新精神全面推进党的建设新的伟大工程，全面提高党的建设科学化水平，为全面建成小康社会筑牢根基。

第一节 坚持全面从严治党

决胜全面建成小康社会，我们党一定要有新气象新作为。打铁必须自身硬。党要团结带领人民进行伟大斗争、推进伟大事业、实现伟大梦想，必须毫不动摇坚持和完善党的领导，毫不动摇把党建设得更加坚强有力。

一、坚持全面从严治党，制度建设是基础

加强党对经济社会发展的领导，必须坚持党总揽全局、协调各方，发挥各级党委（党组）领导核心作用，加强制度化建设，改进工作体制机制和方式方法，强化全委会决策和监督作用。要加快完善坚持党的全面领导的制度，加强党对各领域各方面工作领导，确保党的领导全覆盖，确保党的领导更加坚强有力。要建立健全党对重大工作的领导体制机制，强化党的组织在同级组织中的领导地位，更好发挥党的职能部门作用。统筹设置党政机构，持续深化党的纪律检查体制和国家监察体制改革。

二、坚持全面从严治党，干部队伍是关键

加强领导干部能力培养，重点是提高谋划发展、统筹发展、优化发展、推动发展的本领，提高群众工作、公共服务、社会管理、维护稳定的本领，增强新形势下依法办事能力和应急管理、舆论引导、新兴媒体运用、做好民族宗教工作等方面能力。深化干部人事

制度改革，是造就高素质领导干部队伍的制度保证。要认真贯彻落实习近平总书记关于新时期好干部标准和"三严三实""忠诚干净担当""四有"等要求，把完善干部选拔任用制度与完善考核评价、管理监督、激励保障制度结合起来，抓住群众反映强烈的突出问题着力推进。坚持严管和厚爱结合、激励和约束并重，完善干部考核评价机制，建立激励机制和容错纠错机制，旗帜鲜明为那些敢于担当、踏实做事、不谋私利的干部撑腰鼓劲。作为党员和党的干部，都要经常思考和解决好入党为了什么、当干部干些什么、身后留下什么的问题，决不可为个人或少数人谋私利，而应该始终坚持共产党人全心全意为人民服务。要推动各级领导班子和领导干部树立正确政绩观，必须按照新发展理念的要求完善政绩考核评价体系和奖惩机制。

三、坚持全面从严治党，基层组织是重点

党的基层组织是确保党的路线方针政策和决策部署贯彻落实的基础。全面建成小康社会最坚实的力量支撑在基层，最突出的矛盾和问题往往也出在基层。要把抓基层、打基础作为固本之举，增强基层党组织的凝聚力、创造力、战斗力，充分发挥党员先锋模范作用和广大干部的带头作用。要以提升组织力为重点，突出政治功能，把企业、农村、机关、学校、科研院所、街道社区、社会组织等基层党组织建设成为宣传党的主张、贯彻党的决定、领导基层治理、团结动员群众、推动改革发展的坚强战斗堡垒。着力扩大覆盖面，特别要抓好城乡接合部、流动人口聚居区等社情复杂地域，抓好农民合作组织、非公有制经济组织和社会组织等工作薄弱领域的

党建工作，做到哪里有党员、有群众，哪里就有党的组织、党的工作。认真贯彻中共中央办公厅《关于加强基层服务型党组织建设的意见》，推动基层党组织更好服务改革、服务发展、服务民生、服务群众、服务党员，在服务中体现党的政治优势。

四、坚持全面从严治党，党建工作是保障

新时代党的建设总要求是：坚持和加强党的全面领导，坚持党要管党、全面从严治党，以加强党的长期执政能力建设、先进性和纯洁性建设为主线，以党的政治建设为统领，以坚定理想信念宗旨为根基，以调动全党积极性、主动性、创造性为着力点，全面推进党的政治建设、思想建设、组织建设、作风建设、纪律建设，把制度建设贯穿其中，深入推进反腐败斗争，不断提高党的建设质量，把党建设成为始终走在时代前列、人民衷心拥护、勇于自我革命、经得起各种风浪考验、朝气蓬勃的马克思主义执政党。政治建设是党的根本性建设，决定党的建设方向和效果，保证全党服从中央，坚持党中央权威和集中统一领导，是党的政治建设的首要任务。思想建设是党的基础性建设，要把坚定理想信念作为党的思想建设的首要任务，教育引导全党牢记党的宗旨。加强作风建设，必须紧紧围绕保持党同人民群众的血肉联系，增强群众观念和群众感情，不断厚植党执政的群众基础。加强纪律建设，要坚持无禁区、全覆盖、零容忍，坚持重遏制、强高压、长震慑，坚持受贿行贿一起查，坚决防止党内形成利益集团。构建党统一指挥、全面覆盖、权威高效的监督体系，把党内监督同国家机关监督、民主监督、司法监督、群众监督、舆论监督贯通起来，增强监督合力。

第二节　坚持党对全面深化改革的领导

《在庆祝改革开放40周年大会上的讲话》

习近平总书记在庆祝改革开放40周年大会上指出："改革开放是党和人民大踏步赶上时代的重要法宝，是坚持和发展中国特色社会主义的必由之路，是决定当代中国命运的关键一招，也是决定实现'两个一百年'奋斗目标、实现中华民族伟大复兴的关键一招。"党的十八大以来，以习近平同志为核心的党中央站在新的历史起点上，高举改革开放旗帜，以更大的政治勇气和政治智慧，以全局观念和系统思维，对全面深化改革作出重大战略部署，在更大范围、更深层次推动各领域改革，引领新时代更为波澜壮阔的改革新航程。

一、坚持全面深化改革的总目标

党的十八届三中全会明确提出，全面深化改革的总目标是完善和发展中国特色社会主义制度，推进国家治理体系和治理能力现代化。这两句话是一个统一的整体，必须都讲才是完整的。前一句规定了全面深化改革的根本方向，就是中国特色社会主义道路。全面深化改革是在中国特色社会主义道路上不断前进、不断深化的改革，是在牢固树立"四个自信"基础上对中国特色社会主义制度的完善和发展，绝不是对社会主义制度的改旗易帜，绝不是对社会主义道路的改弦更张。后一句规定了在根本方向指引下完善和发展中国特色社会主义制度的鲜明指向。国家治理体系是在党领导下管理国家的制度体系，国家治理能力则是运用国家制度管理社会各方面事务的能力。国家治理体系和治理能力是一个国家的制度和制度执行能力的集中体现，两者相辅相成。推进全面深化改革，就是要适应国内外形势变化和新时代中国特色社会主义事业发展要求，不断革除体制机制弊端，在继承弘扬优秀传统文化、学习借鉴其他文明有益成果的基础上，形成一整套更完备、更稳定、更管用的制度体系，提高各级组织、各级干部、各方面管理者运用这些制度的能力。

二、坚持以经济体制改革为重点

全面深化改革包括经济体制、政治体制、文化体制、社会体制、生态文明体制以及党的建设制度等多个领域的改革。改革开放40年的实践启示我们：解放和发展社会生产力，增强社会主义国家的综合国力，是社会主义的本质要求和根本任务，经济建设仍然是全党的中心工作。全面深化改革必须坚持以经济体制改革为重点，发挥经济体制改革的牵引作用。要以处理好政府和市场关系为核心，紧紧围绕使市场在资源配置中起决定性作用、更好发挥政府作用深化经济体制改革。要坚持和完善公有制为主体、多种所有制经济共同发展的基本经济制度，毫不动摇巩固和发展公有制经济，坚持公有制主体地位，发挥国有经济主导作用，完善国有资产管理体制，不断增强国有经济活力、控制力、影响力，毫不动摇鼓励、支持、引导非公有制经济发展，激发非公有制经济活力和创造力。要完善产权制度，深化商事制度改革，创新和完善宏观调控，加快建立现代财政制度，深化税收制度和金融体制改革，推动高质量发展，建设现代化经济体系。要以推进经济体制改革为重点，进而带

浙江"最多跑一次"在全国推广　　　　　（新华社记者　殷博古／摄）

动其他领域改革，使各方面改革协同推进、不断深化。

三、坚持科学的改革方法论

　　2013年7月，习近平总书记在湖北考察时首次提出了改革的五大关系，即解放思想和实事求是的关系、整体推进和重点突破的关系、顶层设计和摸着石头过河的关系、胆子要大和步子要稳的关系、改革发展稳定的关系。这为全面深化改革提供了科学的方法论。一是必须坚持解放思想和实事求是的有机统一，既敢于突破、勇于创新，又脚踏实地、从实际出发。二是必须坚持整体推进与重点突破相结合，既注重统筹谋划各领域各方面各层次的改革，又坚持问题导向，注重抓主要矛盾和矛盾主要方面、聚焦突出问题和关键环节推进改革。三是必须坚持顶层设计和基层探索的良性互动，既加强顶层设计和总体规划，注重改革的系统性、整体性、协同性，又鼓励和支持各地各部门大胆探索、试点先行，在及时客观总结试点经验教训基础上将改革引向深入。四是必须妥善处理胆子要大和步子要稳的关系，既要以更大的勇气和胆识锐意改革、敢于突破，又要稳妥审慎、稳扎稳打，做到蹄疾而步稳。五是必须处理好改革发展稳定的关系，通过深化改革为发展提供动力、为稳定提供基础，通过发展解决影响改革和稳定的问题，通过维护社会稳定为改革发展提供有利条件，把改革的力度、发展的速度和社会可承受程度统一起来。

四、勇担全面深化改革的光荣使命

当前，中国特色社会主义进入新时代，改革处于攻坚期和深水区。来自国内外的各种挑战、新时代党和国家事业发展要求、人民群众的期盼和呼声，迫切需要我们党带领人民将改革向纵深推进。以习近平同志为核心的党中央吹响了全面深化改革的冲锋号，对全面深化改革作出了总体部署，制定了一系列重大改革举措。各级领导干部要以强烈的历史使命感和责任感，积极承担起改革重任。一是要提高政治站位，增强"四个意识"，充分认识全面深化改革的重大意义，深刻领会和坚决服从党中央关于全面深化改革的重大部署。二是要敢于担当、主动负责，把抓改革作为一项重大政治任务，勇挑最重的担子、啃最硬的骨头，针对本地区本部门面临的重点难点问题，部署改革任务，制定改革举措。三是要以钉钉子的精神狠抓改革落实，对于党中央部署的改革任务、对于上级机关和本地区本部门制定的改革举措，要凝聚力量、调动资源、周密安排，不弃微末、不舍寸功，确保各项改革举措执行到位、落地生根，确保各项改革任务顺利完成、开花结果。

第三节 坚持党对全面依法治国的领导

全面依法治国，是我们党"四个全面"战略布局的重要组成部分，是党领导人民治国理政的基本方略，是习近平新时代中国特色社会主义思想的重要内容。在全面建成小康社会决胜阶段，必须坚持党对全面依法治国的领导，坚定不移走中国特色法治道路，建设社会主义法治国家。

一、全面依法治国的提出

坚持全面依法治国，是新时代坚持和发展中国特色社会主义的基本方略之一。中国特色社会主义新时代，是坚持和深化全面依法治国的新时代。但是，这个新时代并非一夜之间到来的。我们党领导全国人民经过几代人、经历几十年的努力，经历了"从法制到法治"以及"从法治到全面法治"的历史转型。

1949 年中华人民共和国的成立，为发展人民民主、建设法制国家，创造了前所未有的政治、经济、文化和社会条件。1954 年中华人民共和国第一部宪法即"五四宪法"的制定，标志了中国步入社会主义法制建设轨道。但从 1957 年开始，我国的民主与法制进入低谷，特别是十年"文革"，社会主义法制遭到严重破坏。

1978 年党的十一届三中全会把工作重点转移到社会主义现代化建设上来，明确提出发展社会主义民主、健全社会主义法制，确立了"有法可依、有法必依、执法必严、违法必究"的基本方针，中国社会主义法制建设得到恢复和发展。经过近 20 年的发展，1997 年党的十五大提出"到 2010 年形成有中国特色社会主义法律体系"的任务。到 2010 年底，立足中国国情和实际、适应改革开放和社会主义现代化建设需要、集中体现中国共产党和中国人民意志，以宪法为统帅，以宪法相关法、民法商法等多个法律部门的法律为主干，由法律、行政法规、地方性法规等多个层次法律规范构成的中国特色社会主义法律体系形成，表明我国已实现了各方面"有法可依"的法制局面。

党的十五大把依法治国确立为党领导人民治国理政的基本方略，把建设社会主义法治国家确立为治国理政的建设目标，实现了从"法制"向"法治"的历史性转变，中国特色社会主义法治道路进入到一个新阶段。实现从"法制"到"法治"的飞跃，标志着我们党的法治理论和法治实践进入到一个新阶段和新高度。它使我国的法治建设从单纯的制度建设扩展到状态建设，使我们对法的功能认识从单纯的"专政工具"扩展到以"公平正义"治理社会的平衡器，同时也为党的十八届四中全会实现从"法律体系"向"法治体系"的转变提供了理论基础和实践基础。

党的十五大特别是党的十八大以来，我们党关于依法治国的理论不断丰富、完善和发展，从理论到实践都走向"全面法治"。从坚持依法治国扩展到依法执政和依法行政，从法治国家扩展到法治政府和法治社会，并且把"全面依法治国"纳入"四个全面"总体布局统筹推进。党的十八届四中全会通过的《中共中央关于全面推进依法治国若干重大问题的决定》，标志着我们党关于依法治国理论和实践实现了从"法治"到"全面法治"的第二次转型。党的十九大强调，坚定不移走中国特色社会主义法治道路，开启了全面依法治国的新征程。

二、全面依法治国的总目标

党的十八大围绕"全面建成小康社会"奋斗目标，要求到2020年做到"依法治国基本方略全面落实，法治政府基本建成，司法公信力不断提高，人权得到切实尊重和保障"。2014年党的十八届四中全会，第一次将全面推进依法治国的总目标确定为"建设中国特色社会主义法治体系，建设社会主义法治国家"。

建设中国特色社会主义法治体系，建设社会主义法治国家，这两个目标概念存在着严密的逻辑关系。建设社会主义法治国家是我们的目标属性，建设中国特色社会主义法治体系乃是我们的目标体系；建设社会主义法治国家是我们的制度方向，建设中国特色社会主义法治体系乃是我们的制度抓手；中国特色社会主义法治体系也是社会主义法治国家的衡量标准，中国特色社会主义法治体系建成了，我们才能说社会主义法治国家建成了。

三、坚定不移走中国特色社会主义法治道路

全面依法治国具有包括中国特色社会主义法治道路、中国特色社会主义法治理论和中国特色社会主义法治体系在内的丰富内涵。中国特色社会主义法治道路，本质上是中国特色社会主义道路在法

治领域的具体体现；中国特色社会主义法治理论，本质上是中国特色社会主义理论体系在法治问题上的理论成果；中国特色社会主义法治体系，本质上是中国特色社会主义制度的法律表现形式。中国特色社会主义法治道路、中国特色社会主义法治理论和中国特色社会主义法治体系，三位一体、相辅相成，共同构成了全面推进依法治国伟大战略的道路指引、理论支撑和制度保障，是中国特色社会主义道路自信、理论自信和制度自信的体现。

党的十八届四中全会提出并强调要坚持走中国特色社会主义法治道路。党的十九大再次强调，要"坚定不移走中国特色社会主义法治道路"。坚持走中国特色社会主义法治道路，就是要坚持和体现党对依法治国的全面领导，把党的领导贯彻落实到依法治国全过程和各方面，体现中国特色社会主义的本质要求和特征，坚持以人民为中心，完善以宪法为核心的中国特色社会主义法律体系，建设中国特色社会主义法治体系，建设社会主义法治国家。

四、新时代开启全面依法治国新征程

新时代法治建设应当紧紧围绕新时代的总任务。党的十九大明确提出，从现在到 2020 年，是全面建成小康社会决胜期。从 2020 年到 2035 年，在全面建成小康社会的基础上，基本实现社会主义现代化。从 2035 年到本世纪中叶，把我国建成富强民主文明和谐美丽的社会主义现代化强国。党的十九大同时要求，到 2035 年实现"法治国家、法治政府、法治社会基本建成"，为新时代法治建设确定了新的时间表，开启了全面依法治国新征程。新时代法治建设和新时代社会主义现代化建设具有同向性和同步性，并且法治建设要服务于新时代社会主义现代化建设。

新时代的法治建设应当回应日益增长的人民美好生活需要。党的十九大指出，中国特色社会主义进入新时代，我国社会主要矛盾已经转化为人民日益增长的美好生活需要和不平衡不充分的发展之间的矛盾。人民对美好生活的需要，不仅表现在对物质文化生活提出了更高要求，而且更表现在民主、法治、公平、正义、安全、环境等方面的要求日益增长。新时代的法治建设应当坚持以人民为中心，把人民对美好生活的向往作为新时代法治工作方向。

第四节　坚持稳中求进工作总基调

坚持稳中求进是推动我国经济健康发展的重要方法论,是习近平新时代中国特色社会主义经济思想的重要内容。决胜全面建成小康社会，必须坚持稳中求进，保持战略定力、坚持底线思维，一步一个脚印向前迈进。党的十八大以来，面对纷繁复杂的国内外形势，以习近平同志为核心的党中央观大势、谋全局、干实事，坚持稳中求进工作总基调，坚定不移贯彻新发展理念，扎实有力推动各项事业发展，引领我国经济发展取得历史性成就、发生历史性变革。

一、明确总体要求和总体思路

习近平总书记在 2014 年中央经济工作会议上强调："坚持稳中求进工作总基调，适应经济发展新常态，实行宏观政策要稳、产业政策要准、微观政策要活、改革政策要实、社会政策要托底的总体思路，把握好稳增长与调结构的平衡，保持经济运行在合理区间，着力加强供给侧结构性改革，加快培育新的发展动能，改造提升传统比较优势，抓好去产能、去库存、去杠杆、降成本、补短板，加强民生保障，做好重点领域风险防控，努力实现全面建成小康社会决胜阶段良好开局。"坚持稳中求进工作总基调，"稳"的重点要放在稳住经济运行上，确保增长、就业、物价不出现大的波动，确保金融不出现区域性系统性风险。"进"的重点要放在调整经济结构和深化改革开放上，确保转变经济发展方式和创新驱动发展取得新成效。"稳"和"进"要相互促进，经济社会平稳，才能为调整经济结构和深化改革开放创造稳定宏观环境；调整经济结构和深化改革开放取得实质性进展，才能为经济社会平稳运行创造良好预期。

二、把握"稳"和"进"的辩证关系

在决胜全面建成小康社会阶段，坚持稳中求进工作总基调，要深刻认识"稳"和"进"的辩证统一。"稳"是基础和前提，"进"是目标和方向，"稳"和"进"可以互相促进。"稳"和"进"，一静一动，互为条件、相辅相成，静要有定力，动要有秩序，关键是把握好这两者之间的度。稳中求进蕴含着深刻的哲学理念，决胜全面建成小康社会既要反对消极应付、不思进取，又要反对冲动蛮干、急于求成，应尊重规律、顺势而为，做到稳扎稳打、善作善成、持中守正，把握好工作的节奏和力度。

稳中求进，稳字当头。一是稳住经济运行。宏观政策要强化逆周期调节，继续实施积极的财政政策和稳健的货币政策，适时预调微调，稳定总需求，保持经济运行在合理区间，进一步稳就业、稳金融、稳外贸、稳外资、稳投资、稳预期，提振市场信心，增强人民群众获得感、幸福感、安全感，保持经济持续健康发展。二是维持社会稳定。要在继续推动发展的基础上，着力解决好发展不平衡不充分问题，大力提升发展质量和效益，更好满足人民在经济、政治、文化、社会、生态等方面日益增长的需要，更好推动人的全面发展、社会全面进步。

稳中求进，贵在有进。"进"的重点是调整经济结构和深化改革开放。必须依靠深化改革、调整结构才能实现持续健康发展，要推动供给侧结构性改革取得实质性进展，降低全社会制度性成本，深入推进简政放权，着力优化营商环境，努力破除体制机制障碍，积极培育新增长点，推进经济转型升级和社会公平发展取得新成效。

三、注重统筹协调，加强政策协同

从多年实践看，党领导经济社会发展，主要是把握方向，谋划全局，提出战略，制定政策，推动立法，营造良好环境。决胜全面建成小康社会是一项系统工程、综合工程，看问题、想对策、抓落实，都要审时度势、深思熟虑、尊重规律，从整体上把握，掌握好工作节奏和力度。

宏观调控政策要完善，既保持积极的财政政策取向不变，又要调整优化财政支出结构，发挥财政资金对社会资本的正向引导作用，防范政府性债务风险；既要坚持稳健的货币政策，管住货币供给总阀门，又要促进金融更好为实体经济服务，守住不发生系统性金融风险底线。

社会政策要兜底，在决胜全面建成小康社会阶段，既要保持精准扶贫政策的连续性，防止过猛的政策退出导致再次返贫，又要避免"政策养懒汉"现象的出现，注重解决突出民生问题，加强基本公共服务和民生保障，不断增强人民群众获得感。只有各项政策加强协同、形成合力，才能发挥整体效能。

四、聚焦重点、狠抓落实

在决胜全面建成小康社会过程中，要发挥重点工作的牵引带动作用。中国特色社会主义进入新时代，我国社会主要矛盾已经转化为人民日益增长的美好生活需要和不平衡不充分的发展之间的矛盾。

不平衡不充分的发展在全面建成小康社会进程中主要表现在以下方面：经济建设中的供给质量、创新动力、乡村振兴、区域协调、竞争秩序和开放格局等；政治建设中的社会主义民主政治制度化、规范化、法治化、程序化以及行政体制改革等；文化建设中的意识形态工作领导权、社会主义核心价值观培育、思想道德建设和文化产业服务体系等；社会建设中的幼有所育、学有所教、劳有所得、病有所医、老有所养、住有所居、弱有所扶和社会治理等；生态文明建设中的污染防治等。这些都是全面建成小康社会必须把握的重点和难点。

确保这些重点工作取得实质性进展，一方面要充分调动各方面干事创业的积极性，为干部大胆创新探索撑腰鼓劲，有力有序做好经济工作；另一方面要大兴调查研究之风，加强学习和实践，找准短板弱项，培育专业能力，以求真务实、真抓实干的作风解决实际问题，把党中央各项决策部署落到实处，推动我国经济在实现高质量发展上不断取得新进展。

第五节　夺取决胜全面建成小康社会的伟大胜利

2017 年 7 月，习近平总书记在省部级主要领导干部专题研讨班开班式上指出："到 2020 年全面建成小康社会，实现第一个百年奋斗目标，是我们党向人民、向历史作出的庄严承诺。我们要按照党的十六大、十七大、十八大提出的全面建成小康社会各项要求，突出抓重点、补短板、强弱项，特别是要坚决打好防范化解重大风险、精准脱贫、污染防治的攻坚战，坚定不移深化供给侧结构性改革，推动经济社会持续健康发展，使全面建成小康社会得到人民认可、经得起历史检验。"我们要增强历史责任感，克服一切困难，努力夺取决胜全面建成小康社会的伟大胜利。

一、全面建成小康社会，要坚持以人民为中心

历史唯物主义认为，人民群众创造了历史，全面建成小康社会是否经得起历史检验的关键在于人民是否认可。人民群众既是社会物质财富的创造者，又是社会精神财富的创造者，是社会变革的决定力量，因此也是一个执政党成败得失的最终检验者。党的十九大指出："全党必须牢记，为什么人的问题，是检验一个政党、一个政

易地扶贫搬迁后新建幼儿园小朋友吃免费营养午餐

（新华社记者 吴吉斌/摄）

权性质的试金石。带领人民创造美好生活，是我们党始终不渝的奋斗目标。必须始终把人民利益摆在至高无上的地位，让改革发展成果更多更公平惠及全体人民，朝着实现全体人民共同富裕不断迈进。"

全面建成小康社会，必须坚持以人民为中心。一是由中国共产党的初心和使命决定的。为中国人民谋幸福、为中华民族谋复兴就是中国共产党的初心和使命，中国共产党就是要在全面建成小康社会的过程中贯彻群众路线，坚持以人民为中心，切实增进人民群众的福祉。二是贯彻新发展理念、构建现代化经济体系的客观要求。以创新驱动为主要特征的现代经济中，提高全要素生产率，其中人是最为关键的核心要素。人的积极性能否充分调动，人的创造力能否充分发挥，人对美好生活的需要能否得到满足，关乎能否如期全面建成小康社会和小康社会的质量。三是体现了社会主义共同富裕的本质要求。贫穷不是社会主义，一部分人富裕也不是社会主义，建设中国特色社会主义就是要实现共同富裕，让人民共同享受到发展的成果。以习近平同志为核心的党中央始终坚持以人民为中心，以人民的利益为重，确保全面建成小康社会最终要获得人民的认可，确保人民群众过上殷实的生活，使人民在改革开放中的幸福感和获得感不断增强。

二、全面建成小康社会，要得到人民认可

得到人民认可与经得起历史检验是评价小康社会的两大根本标准。小康社会的建设能否让人民满意，能否在滚滚历史长河中矗立，将决定小康社会的成效。

第一，全面建成小康社会的出发点和落脚点就是要让老百姓过上好日子。要抓住人民最关心最直接最现实的利益问题，想群众之所想、急群众之所急、解群众之所困。只有让人民群众满意了，让人民群众认可了，全面建成小康社会的目标才算真正实现了。

第二，人民群众是历史的实践者与创造者，人民群众对全面建成小康社会的认可与否是所有评价指标中最重要也是最关键的指标。习近平总书记指出："我们的人民热爱生活，期盼有更好的教育、更稳定的工作、更满意的收入、更可靠的社会保障、更高水平的医疗卫生服务、更舒适的居住条件、更优美的环境，期盼孩子们能成长得更好、工作得更好、生活得更好。人民对美好生活的向往就是我们的奋斗目标。"全面建成小康社会，不是一个"数字游戏"，只有解决好人民群众普遍关心的这些突出问题，才能获得人民群众的认可。

第三，全面小康是全体中国人民的小康，需要得到全体人民的认可。习近平总书记指出："'十三五'规划作为全面建成小康社会的收官规划，必须紧紧扭住全面建成小康社会存在的短板，在补齐短板上多用力。"现在，全面建成小康社会到了最关键一程，在剩下的两年时间里让13亿多人民共同迈入全面小康社会，是我们党必须兑现的庄严承诺、必须履行的政治责任。要像习近平总书记要求的那样，坚定不移深化供给侧结构性改革，推动经济社会持续健康发展，确保到2020年所有贫困地区、贫困人口一道迈入全面小康社会。

三、全面建成小康社会，要经得起历史检验

全面建成小康社会，是我们党向人民、向历史作出的庄严承诺，是全体中国人民的共同期盼，是历史赋予我们的艰巨使命，也是我们应有的历史担当。以习近平同志为核心的党中央把全面建成小康社会纳入"四个全面"战略布局，并且居于引领位置，动员全党全国各族人民为决胜全面建成小康社会而奋斗。

全面建成小康社会要经得起历史检验，一是切实转变党的作风。聚焦解决群众反映强烈的突出问题，以作风建设新成效汇聚起推动改革发展的正能量。在全党和全社会倡导发扬焦裕禄精神，与群众心贴心，着力解决关系群众切身利益的问题，想群众之所想，解群众之所难，真正让群众受益，为全面建成小康社会提供强大的组织保障。二是加快服务型政府的建设。坚决贯彻以人民为中心的发展思想，加快建设服务型政府，努力为人民群众提供便捷高效、公平可及的公共服务，更好践行全心全意为人民服务的宗旨，为全面建成小康社会提供优良的政务环境。

党的十九大指出："中华民族伟大复兴，绝不是轻轻松松、敲锣打鼓就能实现的。全党必须准备付出更为艰巨、更为艰苦的努力。"作为中华民族伟大复兴重要里程碑的全面小康，当然也不是轻轻松松、敲锣打鼓就能实现的。全党要着眼于新时代新要求，付出更为艰巨、更为艰苦的努力，打好建成全面小康社会的决胜之战。

[案 例]

支部连支部，加快奔小康
——精准脱贫的兰考实践

2017 年 3 月 27 日河南正式宣布，兰考率先脱贫。作为焦裕禄精神的发源地和习近平总书记第二批党的群众路线教育实践活动的联系点，作为在 2013 年底还有 7.94 万贫困人口的贫困县，短短三年，兰考便在河南省率先脱贫"摘帽"，人们在感叹成就如此之大的同时，更关注兰考实现脱贫的实践和经验。

总书记的亲自指导与党员干部的带头作用

2014 年初，习近平总书记选择河南兰考作为自己党的群众路线教育实践活动的联系点。随后两次赴兰考指导工作，对兰考抓好改革发展稳定各项工作提出要求，叮嘱当地党员干部"要切实关心贫困群众，带领群众艰苦奋斗，早日脱贫致富"，希望兰考县"把强县和富民统一起来，把改革和发展结合起来，把城镇和乡村贯通起来，不断取得事业发展新成绩"。总书记的重要讲话为兰考县脱贫攻坚指明了努力方向。

在脱贫摘帽第三方评估时，兰考县群众满意度高达98.96%。驻村工作队的桥梁纽带作用在脱贫摘帽过程中至关重要。驻村工作队员每周要求五天四夜住在村里，但实际上他们几乎每个周末也在村里。党员干部都住在村里，县级干部也领头住在村里边。"沉到群众中去，切实帮助解决实际问题。即使问题一时不能全部解决，乡亲们也能理解"，这是干部群众的共识。党员干部带头做帮扶工作，老百姓都看在眼里，记在心上。

开启稳定脱贫奔小康的新征程

兰考的党员干部认识到，脱贫不是目的，小康才是目标。脱贫攻坚只是补齐短板，而全面小康则是要全面提高人民生活水平、总体实现基本公共服务均等化，要得到老百姓认可、经得起历史检验。

摘掉贫困县帽子后，兰考县委、县政府以全面建成小康社会为目标，始终坚持党的领导，选派"支部连支部，加快奔小康"驻村工作队，带领群众在奔小康的道路上前行。通过组织共建、党员共管、人才共育、致富共帮，实现建强支部、育强干部、做强产业的目标。把稳定提升脱贫成效作为2018年的工作重点，结合"两学一做"学习教育常态化制度化要求，深入开展"支部连支部，加快奔小康"活动，在基层组织建设、产业发展等方面持续开展驻村帮扶；坚持脱贫不脱政策，并最大限度扩大政策覆盖面，持续巩固脱贫成果；同时，加快推进特色产业体系、新型城镇化体系、公共服务体系建设，为全面小康奠定坚实基础。目前，兰考广大干部群众思发展、议发展、谋发展的热情空前高涨，他们坚信一定能够在2020年与全国同步实现小康。

本章小结

党的领导是中国特色社会主义制度的最大优势，是决胜全面建成小康社会的根本政治保证，要提高党对决胜全面建成小康社会的领导水平，制度是基础，关键在干部，重点在基层，党建是保障。要加强党中央对全面深化改革的集中统一领导，坚持全面深化改革，坚持完善和发展中国特色社会主义制度、推进国家治理体系和治理能力现代化的总目标，坚持以经济体制改革为重点，坚持科学的改革方法论，勇担全面深化改革的光荣使命。要把党的领导贯彻落实到依法治国全过程和各方面，坚定不移走中国特色社会主义法治道路，完善以宪法为核心的中国特色社会主义法律体系，建设社会主义法治国家。要坚持稳中求进工作总基调，明确稳中求进的总体要求，把握"稳"和"进"的辩证关系，注重统筹协调、加强政策协同，关键要聚焦重点、狠抓落实。要夺取决胜全面建成小康社会的伟大胜利，必须坚持以人民为中心的思想，必须得到人民认可，必须经得起历史检验。

【思考题】

1. 在全面建成小康社会的决胜阶段如何加强党的领导？

2. 如何理解全面深化改革、全面依法治国、全面从严治党与决胜全面建成小康社会之间的关系？

3. 怎样理解和坚持以人民为中心，决胜全面建成小康社会？

阅读书目

1. 《习近平谈治国理政》第一卷，外文出版社 2018 年版。

2. 《习近平谈治国理政》第二卷，外文出版社 2017 年版。

3. 习近平：《决胜全面建成小康社会 夺取新时代中国特色社会主义伟大胜利》，人民出版社 2017 年版。

4. 习近平：《在庆祝改革开放 40 周年大会上的讲话》，人民出版社 2018 年版。

5. 习近平：《摆脱贫困》，福建人民出版社 2014 年版。

6. 中共中央文献研究室编：《习近平关于全面建成小康社会论述摘编》，中央文献出版社 2016 年版。

7. 中共中央宣传部编：《习近平新时代中国特色社会主义思想三十讲》，学习出版社 2018 年版。

8. 人民日报理论部编：《深入学习贯彻习近平新时代中国特色社会主义思想》，人民日报出版社 2018 年版。

9. 中共中央党校编：《以习近平同志为核心的党中央治国理政新理念新思想新战略》，人民出版社 2017 年版。

10. 《中华人民共和国国民经济和社会发展第十三个五年规划纲要》，人民出版社 2016 年版。

11. 中共中央党史和文献研究院：《改革开放四十年大事记》，人民出版社 2018 年版。

12. 中共中央党史研究室：《中国共产党的九十年》，中共党史出版社、党建读物出版社 2016 年版。

13. 中共中央宣传部理论局：《新时代面对面——理论热点面对面·2018》，学习出版社、人民出版社 2018 年版。

14. 国家行政学院经济学教研部编著：《新时代中国特色社会主义政治经济学》，人民出版社 2018 年版。

15. 本书编写组：《乡村振兴战略辅导读本》，中国农业出版社 2018 年版。

16. 本书编写组：《脱贫攻坚——基层党组织怎么干》，人民出版社 2017 年版。

| 后 记 |

党的十九大作出了决胜全面建成小康社会的伟大决策和战略部署。为了帮助广大干部了解并掌握决胜全面建成小康社会的时代背景、历史方位、奋斗目标、重大意义和主要任务，中央组织部组织编写了本书。

本书由中央党校（国家行政学院）牵头，中央军民融合办、国家发展改革委、中国社会科学院、国务院扶贫办、新华社、北京大学参与编写，全国干部培训教材编审指导委员会审定。何毅亭任本书主编，王东京、张占斌任副主编，仇鹏、王远鸿、葛道顺、黄承伟、安蓓、雷明任编委会成员。参与本书调研、写作和修改工作主要人员有：胡建淼、龚维斌、王满传、时和兴、丁文锋、董小君、张孝德、张青、于军、王小广、许正中、杨伟东、王刚、王露、冯俏彬、时红秀、徐杰、李江涛、马小芳、樊继达、黄锟、张国玉、王海燕、蒲实、谢振东、惠双民、王茹、邓明奋、汪彬、蔡之兵、黄承伟、司劲松、刘君栩、卓翔、陈汉萍、钟金铃。参加本书审读的人员有：胡鞍钢、陈东琪、黄卫平。王一彪提出了很好的完善意见。

陈岩、王成志、王刚、鲍显庄、黄锟、卓翔、王茹、陈滨负责协调保障工作。在编写出版过程中，中央组织部干部教育局负责组织协调工作，人民出版社、党建读物出版社等单位给予了大力支持。在此，谨对所有给予本书帮助支持的单位和同志表示衷心感谢。

由于水平有限，书中难免有疏漏和错误之处，敬请广大读者对本书提出宝贵意见。

编　者

2019 年 2 月

全国干部培训教材编审指导委员会

《决胜全面建成小康社会》

主　编：何毅亭

副主编：王东京　张占斌

责任编辑：陈汉萍　钟金铃　刘　伟
封面设计：石笑梦
版式设计：王欢欢
责任校对：吕　飞

图书在版编目（CIP）数据

决胜全面建成小康社会／全国干部培训教材编审指导委员会组织编写．
　-- 北京：人民出版社：党建读物出版社，2019.2
全国干部学习培训教材
ISBN 978 - 7 - 01 - 020392 - 8

I. ①决…　II. ①全…　III. ①小康建设 – 中国 – 干部培训 – 教材
　IV. ① F124.7

中国版本图书馆 CIP 数据核字（2019）第 021129 号

决胜全面建成小康社会

JUESHENG QUANMIAN JIANCHENG XIAOKANG SHEHUI

全国干部培训教材编审指导委员会组织编写

主　编：何毅亭

人 民 出 版 社
党建读物出版社　出版发行

天津图文方嘉印刷有限公司印刷　新华书店经销

2019 年 2 月第 1 版　2019 年 2 月第 1 次印刷
开本：710 毫米 × 1000 毫米　1/16
印张：15.75　字数：177 千字

ISBN 978 - 7 - 01 - 020392 - 8　定价：38.00 元

邮购地址 100706　北京市东城区隆福寺街 99 号
人民东方图书销售中心　电话（010）65250042　65289539